AF449763

colección

BFV ■ Biblioteca de la Filosofía Venidera

dirigida por ☐ **Fabián Ludueña Romandini**

Diseño y composición: Gerardo Miño
Edición: Primera, Abril de 2021
Lugar de composición: Suipacha, Pcia. de Buenos Aires
Lugar de impresión: Barcelona / Buenos Aires
Código Thema: QDTJ [Filosofía: metafísica y ontología]
ISBN: 978-84-18095-76-4
Depósito legal: M-9076-2021

colección
BFV ■ Biblioteca de la Filosofía Venidera

Esta colección quiere abarcar en su espíritu obras que, como quería Walter Benjamin, intenten reflejar no tanto a su autor sino más bien a la dinastía a la cual éstas pertenecen. Dinastías que otorguen los instrumentos para una filosofía por-venir donde lo venidero no sea sólo una categoría de lo futuro sino que también abarque lo pasado, suspendiendo la concepción moderna del tiempo cronológico a favor de una impureza temporal en cuyo caudal pueda tener lugar la emergencia de un pensamiento inactual e intempestivo, capaz de mostrar la potencia filosófica oculta en todas las tradiciones del conocimiento. Filosofía, entonces, como el arte de la fabricación de nuevos conceptos, donde la novedad es siempre entendida tomando en cuenta su anacronismo fundamental y su perpetua inclinación a la polémica.

Nelly Bugallo Colom, *in memoriam*

FABIÁN LUDUEÑA ROMANDINI

Filosofía Primera
Tratado de ucronía post-metafísica

La comunidad de los espectros V

Página web: www.minoydavila.com
Facebook: http://www.facebook.com/MinoyDavila
Mail producción: produccion@minoydavila.com
Mail administración: info@minoydavila.com
Oficinas: Tacuarí 540
(C1071AAL), Buenos Aires, Argentina.
tel-fax: (54 11) 4331-1565

Índice

"La présence du désir comme celle du dieu ignore le philosophe.
En revanche le philosophe châtie".

René CHAR, *Feuillets d'Hypnos*, 1943-1944: 202.

. . .

"L'inutilité théâtrale (et sans joie) de tout quant on sait".

Jacques VACHÉ. *Lettres de Guerre*, 29 de abril de 1917.

. . .

"Sentía que no había perdido nada de mi tristeza,
pero de nuevo la vida me parecía preferible a la muerte".

Giacomo CASANOVA, *Mémoires*, volumen II, 238.

. . .

Elucidaciones filológicas

Los textos aquí publicados corresponden a un hallazgo en las ruinas de las afueras de la ciudad de Hatteria, en el cono sur del continente americano del planeta-madre de los humanos, la Tierra. Se trata de la ciudad que, hace más de dos milenios, llevaba el nombre de Buenos Aires. Se sabe que una vez aniquilada durante los sangrientos episodios de la Sexta Guerra Mundial Póstuma, en sus antiguos suburbios se asentaron poblaciones nómades que, desde tiempos de datación incierta, ya venían recogiendo una serie de textos que eran, a todas luces, versiones radicales y proto-místicas de la oscura Herejía de la Disyunción que, por entonces, había dado muestras de sus primeros conatos.

Nunca del todo admitidos en el Canon de los Puros en la comunidad de los Nóvisimos, los textos revistieron una gravitación sustantiva para los Antiguos Maestros de la Herejía. Muchos creyeron, en el fragor del primer hallazgo, que se trataba de un *Evangelio de la Disyunción* pero nada estaba más alejado de la verdad, pues la herejía emergente era, nuevamente, la filosofía en su carácter más profano que, justamente, la habilitaba a tomar bajo su órbita toda la esfera de lo otrora denominado lo divino desde una perspectiva completamente anateológica. Hay que admitir, no obstante, que ninguna noticia habíamos tenido de estos textos y algunos de los puntos de vista expresados en el indispensable volumen de von Junzt titulado *Unaussprechlichen Kulten* han quedado perimidos luego de la recuperación de los presentes manuscritos.

El conjunto de textos que se editan a continuación poseen una innegable unidad. Han sido hallados en la Cueva 14AZ1 de las excavaciones en

Hatteria. El idioma corresponde a una lengua muerta que, por entonces, se utilizaba en la región: el castellano rioplatense, antecedente de lo que, en los milenios futuros, se constituyó en el dialecto hispano de la Lengua Universal del Imperio Póstumo. La catalogación de los escritos es TFG 480-700 y 950-1170 de la gran edición del Corpus de los textos de la Herejía de la Disyunción.

Los documentos fueron hallados en forma manuscrita en cuadernos en octavo, numerados del uno al cinco. El conjunto textual es diverso pero puede clasificarse, ostensiblemente, en tres grandes grupos. En primer lugar, un tratado, hasta ahora desconocido, acerca de la para-metafísica de la doctrina esotérica de la Herejía de la Disyunción, esto es, el abordaje del enigma del Ser a partir del esquema conceptual matricial conocido como teoría de los fractos y que se convertiría, con el tiempo, en el tesoro más custodiado por los Maestros Novísimos. En segundo lugar, siguen una serie de glosas y comentarios, representativos de los géneros cultivados por los escribas nómades, donde se ahonda sobre aspectos particulares de la doctrina central.

El tercer grupo textual, de gran valor ultra-histórico, arroja nuevas perspectivas sobre la Edad Oscura, es decir, sobre el período de los Ciclos Pandémicos que llevaron a las Grandes Guerras Biotécnicas y al abandono definitivo del planeta Tierra según el plan de conquista interestelar liderado por los Póstumos. Los estudiosos no logran aún un consenso sobre la autoría de los textos de los tres grupos, aunque se presupone que fueron puestos por escrito por Póstumos disidentes del primer cuarto del siglo XXI en la pre-historia del fenómeno que, con el correr de los siglos, se daría a conocer como Herejía de la Disyunción. La terminología presupone una unidad de pensamiento pero la fragmentariedad de la exposición hace sospechar de la intervención de varios autores. Desde luego, la transmisibilidad de los textos puede haber alterado algún matiz pues, como sabemos, los originales se han perdido en la noche de los milenios y aquí tenemos una cuidada transcripción de alguna copia secularmente muy posterior en el tiempo a la que tuvo acceso el siempre escrupuloso Escriba de los Maestros nómades.

El hecho de que las pesquisas paleográficas den cuenta de la presencia de una misma mano en la redacción de los textos concernientes a la Herejía de la Disyunción no aclara el problema, pues los Maestros Nómades tenían

     Filosofía primera. Tratado de ucronía post-metafísica

por costumbre dictar sus textos a selectos escribas de la comunidad y, en no pocas oportunidades, se ha visto el testimonio de un mismo escriba que había puesto por escrito la doctrina de Maestros de diversa filiación. La paleografía no cuenta aquí con el auxilio de las prácticas de los propios amanuenses de los Novísimos pues, como se sabe, el anonimato de los Escribas era una condición anclada en la comprensión de la Tradición como transmisión sin autoría personal.

Cabe destacar que el texto que hemos añadido como coda bajo la rúbrica "Envío II" no pertenece al conjunto original y se trata del fragmento de un texto perdido. Dada la legendaria puntillosidad de los Escribas novísimos, el manuscrito se halla datado diez años después de la compilación de la Cueva 14AZ1 y pertenece a la mano de otro amanuense que llamaremos Escriba II y que notifica el abandono del mundo existencial por parte del Escriba I, hecho que parece haber acontecido en algún momento impreciso durante la década previa. Dada la inveterada costumbre de los Escribas novísimos de glosar los contenidos de sus predecesores, hemos estimado conveniente la publicación de ese fragmento que no sólo juzga la labor de su antecesor sino que aporta reflexiones de la máxima relevancia para la comprensión de los dramas profundos que atravesaron los dilemas políticos y existenciales de la Herejía de la Disyunción.

No existen todavía explicaciones plausibles acerca de la emergencia de los Novísimos como desprendimiento herético de los Póstumos y se espera que estos documentos arrojen algo de claridad acerca de la pre-historia de los susodichos Póstumos pues, según las hipótesis más osadas, los Novísimos manifestaron una incubación histórica larvaria que debe ser calculada en, por lo menos, dos milenios y que, en ese escenario, los situaría en los albores del siglo XXI. En otras palabras, cuando los Póstumos estaban consolidando su ascenso al poder mundial, ya habrían existido los primeros indicios, aunque indetectables entonces, de aquello que muchos siglos más tarde se conocería como el Levantamiento de los Novísimos.

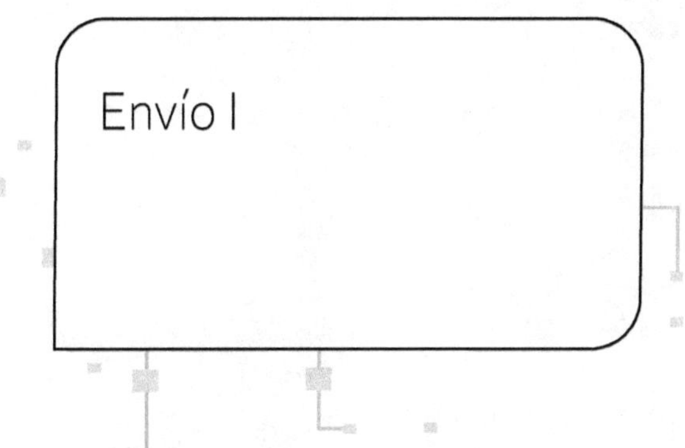

Envío I

Corre actualmente el año 4040 de la Era del Señor según el prohibido y Antiguo Calendario otrora llamado Gregoriano. Lo evoco debido a la predilección que los Eruditos –si alguno queda acaso todavía con vida– tenían por aquella datación proto-histórica. Apenas me dispongo a transcribir, según una misión encomendada por los Maestros nómades, estas páginas la capital exogaláctica del Imperio cósmico de los Póstumos ha caído: reina aún la anomia generalizada en los reinos de la Triple Alianza que ha gobernado el Cosmos conocido durante casi un milenio y medio. Poco se sabe de lo que ocurrirá con el futuro de aquellos que han vencido pero no hay quien no tenga ya la certeza de que otro Eón ha dado comienzo.

Si persisto, en este preciso momento, en el gesto de esta Crónica es porque, ante la intensidad de los acontecimientos, es muy probable que se borre de la memoria de los seres vivientes la proto-historia de cómo se levantó, alguna vez, el ahora jaqueado *imperium* de los Póstumos. Asimismo, con toda probabilidad, nuestra doctrina, por otra parte nunca del todo orgánica ni cerrada, habrá de sufrir, para bien o para mal, las más diversas deformaciones. Finalmente, cumplo mi único papel en esta contienda épica: el de Escriba cuyo destino es lograr que los pensamientos casi muertos sobrevivan y que los siglos no sean el sepulcro de las doctrinas mejor custodiadas.

Es aún hoy una creencia, del todo nebulosa y casi completamente olvidada en sus detalles, que la Gran Pandemia del año 2020 contribuyó, de manera decisiva, al Ascenso de los Póstumos. De allí en más, ya nadie puede dar cuenta, a ciencia cierta, de la aceleración de los hechos: de cómo Gaia se tornó inhabitable, de cómo los Póstumos abandonaron para siempre su planeta en la pionera colonización de Marte para entonces comenzar la toma del territorio exo-geodésico como guerra civil cósmica hasta la consolidación del Imperio hoy caído.

No resulta tan inverosímil, en cambio, que la mayoría de los testigos acuerde a las creencias esotéricas de los Novísimos un peso no desdeñable, incluso decisivo, en la derrota de los Póstumos. Como pertenezco a los iniciados en dicha materia que, todo hay que decirlo, no era más que otra forma de la filosofía, me propongo aquí transcribir los postulados de la Herejía de la Disyunción. Lo primero que nos enseñaron es que, cuando nuestro triunfo se produjera, las fuentes intelectuales de nuestra filosofía serían arrastradas por las arenas de edades incalculables. Mi obstinación de Escriba me obliga a cumplir con mi deber de asentar lo poco que todavía sobrevive intacto de nuestra doctrina con toda honestidad intelectual. Quizá no sea un testimonio menor si es que alguien puede llegar a estas páginas en algún vórtice evanescente del tiempo. Uno de nuestros máximos poetas lo había profetizado en su libro de vientos: "habrá habido un último día, un día final e infinito, un último galope" (Minieri, 2012: 129).

Ese día llegó y hemos triunfado: antes de que un diverso mundo comience a levantarse es necesario dejar rastro de cómo los Póstumos se hicieron en primer lugar con el Poder y, luego, en qué sentido la Herejía de la Disyunción fue siempre la filosofía menos soportada por los Póstumos y, al mismo tiempo, por ello mismo se transformó en la más encarnizada forma de la anti-postumidad. No queremos que estos sucesos o nuestra doctrina se evaporen en ciudades sin nombre o bajo el manto de opacas leyendas que únicamente el Mito termine encubriendo. Somos los Novísimos y lo que sigue es nuestra Crónica.

Filosofía primera. Tratado de ucronía post-metafísica

Advertencia

En los tiempos primordiales, de los cuales ninguna memoria viviente puede ya dar cuenta sino como desarraigo, olvido u oscuras pesadillas indiscernibles, se escribió en Mesopotamia el drama preordenado de *Homo*. En unas tablillas que resguardan lo más antiguo entre lo más antiguo respecto de los relatos humanos sobre la creación y destino de la Humanidad, se pusieron por escrito las encrucijadas decisivas.

El gran dios Enlil no podía ya dormir fruto de los ruidos procedentes del progreso técnico que se había introducido en el mundo humano. Su reacción, impávida e imposible de amancillar, fue el envío de una Epidemia: "Ordenad que tenga lugar una plaga". Fue entonces cuando "la enfermedad, la mala salud, la plaga y la pestilencia los golpeó [a los humanos] como un tornado" (Lambert – Millard – Civil, 1999: 107, 15-16). Sólo la intervención del Hombre del Discernimiento pudo aliviar la catástrofe: este se volvió entonces a su dios Ea (según la versión acadia) o Enki (en sumerio), quien le aconsejó que, ante la devastación generalizada, debían dirigirse las ofrendas a Namtar, soberano incuestionado del inframundo para levantar el interdicto y que "la matriz" pudiese liberarse de la maldición de "no poder dar a luz a ningún niño" (Lambert – Millard – Civil, 1999: 109, 60-61). Sólo así, con la consagración al mundo ctónico, se puso fin a la Gran Epidemia aun si la recobrada prosperidad humana condujo, en su desmesura, al episodio del Gran Diluvio, ya perdido en la arena de la retentiva arqueológica humana.

Hace más de dos milenios, *Homo* cesó de existir. El Eón de los Póstumos entonó oportunamente su marcha triunfal y su estrépito destructorio se hizo sentir en cada rincón de Gaia. Dejó de existir la posibilidad de comunicar con algún dios y se aseguraron de que algo semejante jamás fuese otra vez realizable. Desde aquel inmemorial pasado, ya no existe ningún Hombre del Discernimiento que logre mediar con el mundo de lo Invisible para guiar a los vivientes en susidio pues, precisamente, todo discernimiento ha sido abolido. Desde aquella encrucijada milenaria, no existe ninguna eventualidad de tejer un sentido para el desglose de las desgracias cósmico-históricas. El ciclo de las pandemias póstumas, guiadas por el neo-gnosticismo antidotario médico, tomó por asalto la coyunda del Orden mundial con el brazo armado de la telemática política. El desierto cubrió toda la superficie del planeta y el discernimiento finalmente logró ser anublado. Se instituyó así la Era del desistimiento radical que fue más allá, incluso, de lo que habían anunciado los inveterados heraldos del nihilismo.

En su carta a Matila Ghyka, la pluma de Paul Valéry expresó el drama de los tiempos póstumos: "el equilibrio entre el saber, el sentir y el poder, está hoy quebrado" (GHYKA, 1958: 9). Podemos extender la reflexión de Valéry en nuevas direcciones y afirmar que esta tricotomía, definitoria de la matriz de Occidente, colapsó junto con el final de la metafísica y el consiguiente ocaso de la ciencia. El esoterismo de la Divina Proporción encontró su némesis en el triunfo del esoterismo contra-iniciático del discontinuo. Por ello, para los Póstumos, resultó entonces imposible sentar las bases de un saber que no estuviera escindido de las pasiones hasta el punto de transformar a los dos ámbitos en contrapuestos. Consecuentemente, las pasiones entre los seres hablantes ya no pudieron ni sentirse (excepto como dolor) ni decirse (excepto como desgarro enmudecido). De allí que haya existido, en aquel remoto tiempo, una desinteligencia absoluta respecto del Poder, desmultiplicado y concebido gnósticamente como poderes maniqueos, impidiendo cualquier acceso a la esfera de lo Invisible y de las libertades auténticas. El crepúsculo de la Revolución fue, por esas razones, asimismo el sello de la caída de la tricotomía occidental de saber, sentir y poder. La Disyuntología nació, ahora podemos entreverlo, como la filosofía de la época trágica de los Póstumos.

                    Filosofía primera. Tratado de ucronía post-metafísica

TEORÍA DE LOS FRACTOS

1.[1] Aristóteles ha proclamado, en la historia de la metafísica, la existencia de una ciencia de "lo que es, en tanto que algo que es" (òn hêi ón) (Aristóteles, Metafísica, 1003a 20-25). Al mismo tiempo, se establece:

Así pues, si no existe ninguna otra entidad fuera de las físicamente constituidas, la física sería ciencia primera. Si, por el contrario, existe alguna entidad inmóvil, esta será anterior, y filosofía primera (*philosophía próte*), y será universal (*kathólou*) de este modo: por ser primera. Y le corresponderá estudiar lo que es, en tanto que algo que es, y qué-es, y los atributos que le pertenecen en tanto que algo que es (*kaí perì toû óntos hêi ón taútes an eie theorêsai, kai tí esti kai tà huparchonta hêi ón*). (ARISTÓTELES, *Metafísica*, 1026a 27-32).

Ontología, ousiología, henología, estudio del intelecto agente, todas las empresas convergen en la filosofía pri-

---

1 Las tesis aquí comunicadas son las premisas de las proposiciones enunciadas en los libros *Principios de Espectrología. La comunidad de los espectros II* y *Summa Cosmologiae. Breve tratado (político) de Inmortalidad. La comunidad de los espectros IV.* Aquellas proposiciones tienen carácter conclusivo. He aquí la cimbra conceptual que les proporciona su cobijo teórico.

mera. Más allá de cualquier polémica sobre la existencia o no de una onto-teo-logía en Aristóteles (Natorp: 1888a y b), en este libro, el concepto de "filosofía primera" será sinónimo del estudio del problema del Ser tal y como, desde Parménides, ha sido enunciado como tarea suprema del filosofar.

Ahora bien, si el Ser es separable o no de los entes en Aristóteles es una disputa que, para nuestros fines, no nos concierne (Boehm: 1965). Adherimos a la idea, en todo caso, de que aquí están al menos los cimientos para un pensamiento del Ser en cuanto Ser. Sin embargo, toda la ontología occidental, en su milenaria historia, ha concebido al Ser, a pesar de las diversidades de sus enunciaciones, como algo completo y sin rasgados estructurales. La para-metafísica es una post-ontología precisamente porque introduce el principio de la Disyunción en el Ser mismo.

2. La disyunción en el Ser no coincide con el problema de la "escisión" metafísica entre "esencia" y "existencia", entre "sustrato" y "predicación" o entre "ser" y "ente". La Disyuntología no se equivale con las escisiones que llevaron a la metafísica a su ocaso sino que se sitúa como la respuesta que permite la superación de sus aporías.

3. Desde el punto de vista de la historia de la ontología, si esta se ha concentrado sobre el *tò ón* que habremos de traducir (conscientes de las reservas del caso) por el Ser, en cambio, el final epocal de la onto-teo-logía impone la tarea de suprema de la Disyuntología que se ocupa no ya del *tò ón* sino que desarrolla su objeto más propio en el *diá-ón*, vale decir, en el Ser disyunto. Nuestra filosofía, en consecuencia, se postula como una para-ontología del *diá-ón*, el Ser diviso por antonomasia que, sin constituir una proposición del fundamento, actúa como la división trascendental que hace posible todo cuanto en la pluralidad de mundos existe o subsiste. Más aun, el *diá-ón* es la condición misma que torna posible y pensable la fractualidad.

4. La metafísica ha identificado texturas milenarias del Ser en las modalidades de la *physis*: continuo, discontinuo, contigüidad o mixtura son algunas de las más decisivas. La postmetafísica instituye una nueva conceptualización que ya no es, como las anteriores, una declinación modal del Ser en los entes sino que lo afecta en la naturaleza misma de su expresión trascendental: la disyunción.

5. Los fractos constituyen una condición formal del Ser, vale decir, su estructura trascendental que, al mismo tiempo, se manifiesta en la inmanencia de los mundos posibles. Los fractos carecen de percepción y apetición pues son cuadrículas para-metafísicas en los que el Ser tiene lugar. Su incorporalidad no presenta los rasgos de la autarquía absoluta sino sólo relativa pues aunque todo fracto es *dissitus* respecto de otros, no obstante entra con ellos en una composición circunstancial y efímera. Al mismo tiempo, su inmaterialidad sólo puede expresarse como incorporal de los cuerpos a los que hiende.

6. De acuerdo al principio de los indiscernibles, ningún fracto es igual a otro y su número es transfinito. Sin embargo, no hay relación directa entre los fractos sino convergencia en la expresión, efímera y circunstancial, de aquellos en el orden de los dis-versos en los que devienen captables. A menudo, de hecho, cuanto más *dissonus* es un fracto respecto de otro, tanto más puede producirse un entrelazamiento parcial de carácter disyunto. Por tanto, un fracto es la estructura mínima del Ser y no así el compuesto mínimo del Universo material o de los mundos posibles. Un fracto determina la condición de posibilidad de la expresividad para-ontológica de todo cuanto hay: material, inmaterial, visible, invisible, existente, subsistente, continuo o discreto.

7. Al no estar determinados por la relación sino por la disyunción, el principio del fracto es su carácter separado pero en tensión convergente que impide una asimilación en el Uno. En este sentido, existen no tanto uni-versos cuanto dis-versos transfinitos que son la expresión perceptible de la forma disyunta del Ser. La *diáthesis* para-ontológica de los fractos no se corresponde con la adecuación sino con la yuxtaposición discordante que, por efecto de lazo, permite una ilusión de sentido. La exactitud, en este punto, es hija de la discordancia ontológica reconocida como consistente en un conjunto finito y regional. La verdad, en cambio, es la asunción subjetiva de la subrepción propia de la discordancia.

8. En el Ser disyunto encuentran expresión formal y realización perceptible tanto los existentes metafísicos como los subsistentes para-ontológicos que se encuentran allende-elser. Precisamente la disyunción hace que el Ser no sea cobijo únicamente de la existencia sino, por la ley misma de su disparidad, de los subsistentes, los démones, los espectros y las varias formas de lo Invisible (*tò aóraton*).

9. Por consiguiente, el Ser disyunto no se corresponde enteramente con el ser de la metafísica sino que lo abarca y lo excede en un conjunto abierto que, por su carácter transfinito (vale decir, por la declinación plural de los fractos), no puede auto-presentarse como Unidad de la pluralidad ni como Todo fractuado. El Todo es imposible precisamente por el postulado de los fractos que desmultiplican permanentemente al Ser.

10. El concepto de disyunción aquí analizado no responde a la forma del silogismo disyuntivo en el cual la premisa mayor es una disyunción y la menor una proposición categórica donde se enuncia que una de las alternantes excluye a la otra (Cohen – Nagel, 1993: 101-102). Por tanto, las disyunción post-metafísica no se ampara en las condiciones de validez del silogismo tal y como lo estableció la lógica sino que, precisamente, es en la ilogicidad donde descansa su consistencia lógica. Esto señala que la fractología puede ser sensible, bajo determinados aspectos, a la lógica y sus postulados pero, considerada como conjunto, los desborda y se resitúa más allá de los mismos o, dicho de modo más propio, hace de la ilogicidad una nueva demanda de rigurosidad para

toda lógica futura que pretenda dar cuenta del fenómeno de los fractos.

11. La disyunción tal y como aquí se propone, no puede ser una forma de "disyunción inclusiva", vale decir, no estamos ante un ejemplo de síntesis de *membra disjuncta* en la univocidad del ser (Deleuze, 1969: 210). El postulado de la univocidad plural del ser es rechazado por la diyuntología pero, más decididamente aun, el concepto de relación resulta aquí inoperante pues los fractos no se relacionan de modo inmanente donde cada ser implica a todos los seres. Entre los fractos puede haber convergencia inter-temporal o lazo transicional pero la síntesis es una propiedad ajena a su estructura para-ontológica.

12. La tesis de la pluralidad de los mundos se integra, de modo constitutivo, a la teoría de los fractos. No existe mundo posible que no esté determinado por fractos específicos pues la fractualidad es la condición de posibilidad de la expresión del Ser como multi-dis-versalidad.

13. Los fractos son las dimensiones del Ser que permiten establecer la distinción entre el continuo y el discontinuo en interacción dinámica. No hay razón para otorgar al discontinuo ninguna preeminencia óntico-ontológica pues a cada uno le corresponde su región sinecológica propia. Particularmente, el ámbito de lo Invisible corresponde al continuo en su expresión matemática demostrativa. Pero, desde el punto de vista para-metafísico, tanto el continuo como el discontinuo están atravesados por la disyunción que, a la vez, los acerca y los atraviesa haciendo imposible la presa de uno sobre el otro. Quien busque ignorar la preexistencia disyuntiva corre el albur de ahogar la experiencia fractual del Ser para los vivientes.

14. Un fracto es una estructura que condiciona de manera trascendental al Ser pero que no tiene otra forma de manifestación que en la inmanencia de los agrupamientos que produce en los dis-versos múltiples que conforman todo cuando existe o subsiste. En ese sentido, son morfo-segmentos que actúan como dimensiones que agrupan elementos sensibles, suprasensibles, subsistentes o insistentes. Un universo es la suma divergente de sus morfo-segmentos disyuntos que convergen de manera temporal estableciendo supra-formaciones que se agregan y desagregan según los ritmos propios de la *inharmonia mundi*.

15. Cuando un morfo-segmento adquiere un concentración particular de sus propiedades se obtiene un *principium individuationis* que constituye, por ejemplo, la vida de un ser hablante destinada a dispersarse bajo las formas características de la inmortalidad en un pluriverso disyunto. Todo cuanto llamamos una biografía no es más que la ilusión proyectada por una *haecceitas* que hace de los elementos exógenos y heterogéneos de un morfo-segmento las propiedades transitorias de la individualidad. Así toda identidad subjetiva es imposible, salvo como acto performático *après coup*, pues su estructura disyunta se presenta como determinante de su filogenia con respecto a un fracto expresado en su segmentariedad.

16. Los elementos segmentarios de un fracto no son específicos a este último pues su contorno nunca es cerrado ni autárquico. Al contrario, todo fracto es una suerte de *polyptoton* para-metafísico donde un mismo elemento puede tomar expresión en distintos fractos simultáneamente. Por esa razón, lo aparentemente más singular de un viviente puede ser un elemento compartido, al unísono, con otro singular en un fracto diferente. La convergencia de los fractos no impide que la disyunción determine su separación constitutiva y su comunicación se realiza como dehiscencia y, por tanto, sin conciencia de la objetividad de la trans-mundaneidad. Un fracto nunca puede pretenderse un universo en escala microcósmica porque, en rigor de verdad, la fractualidad impide que exista, en términos técnicos, un universo sino que siempre nos hallamos frente a un dis-verso imposible de suturar.

17. Los fractos implican la inmortalidad *terminative*, vale decir, la fractualidad como estructura trascendental no conoce la finitud. La finitud no es más que la disgregación transfinita de los dis-versos que pueden desaparecer de lo perceptible o imaginable pero, como intensidades formales de los fractos, se despotencian en un *átopos* metafísico que no conoce ni el espacio ni el tiempo.

18. El régimen para-ontológico de los fractos adopta su expresión más clara bajo la forma de la *inhaerentia*. Otrora identificada por los medievales como la modalidad más propia del accidente, ahora es necesario radicalizar el alcance para desprender al concepto de su relación con la sustancia. Al constituirse como una para-metafísica no sustancialista, la disyuntología identifica que los fractos realizan al Ser como inhesión sin sustrato: su adherencia se propone, por tanto, cual forma sutilísima que se da en un vacío ontológico.

19. Se puede sostener, en esta nueva acepción del concepto, que el *esse* de los fractos es *inesse* y que, en consecuencia, nos hallamos ante la presencia de una para-ontología *inhaesiva*. El Ser en cuanto tal se realiza como inhesión sin *arché* y los fractos expresan su adhesión de superficie como auto-constitución disyunta que impide la aparición del Uno sustancial.

20. Por eso mismo, los fractos encuentran su apoyo en el carácter in-fundado del Ser y se posicionan como la proposición sin fundamento de todo cuanto existe o subsiste en el dis-verso plural. Nos hallamos, de este modo, ante una *innitentia* sin *subiectum* o, lo que viene a ser lo mismo, los fractos disyuntos, sin poder apoyarse unos en otros, subsisten en el Ser como proyecciones autosustentadas en su propia precariedad para-ontológica. Y aunque no existe conjunción ni unión, los fractos pueden transitoriamente hacer lazo entre ellos cuando, por ejemplo, una línea onto-isócrona replica los ecos de eventos o entes simultáneos entre fractos diferentes que es una manera técnica de denominar la propiedad de la transmundaneidad.

21. Con todo, si bien se había postulado que la razón podía ser sujeto de inhesión respecto de los entes inexistentes (Suárez, *Disputationes metaphysicae*, LIV, I, 5), la disyuntología sostiene, al contrario, que la conciencia y sus derivados conceptuales son el escenario de una auténtica *incisio* del Ser que, al manifestarse en la acosidad, hace de toda *psyché* un lugar que, más allá del continuo y del discontinuo, jamás puede constituirse como filigrana de Unidad puesto que, originariamente, es dis-morfa. En ese sentido, los fractos son una inhesión de superficie mientras que el principio de individuación aparece como una incisión del Ser en la singularidad, dejando así la marca perenne y la archi-huella pale-ontológica de la disyunción de la que el lenguaje testimonia a cada paso tanto en su desagregación glosolálica como en su deslizamiento perpetuo hacia la ilogicidad del sin-sentido.

22. De esta manera, la existencia de un fracto y sus elementos no encuentran su esencia en sí mismos sino en la disyunción que, desafiando cualquier carácter sustancial, puede

hacer que esta esencia sin sustrato exista en distintos fractos a la vez por efecto de enlace gracias a un principio de convergencia, que en la disyuntología se denomina de individuación. Es lo que ocurre, precisamente, con la *psyché* que existe como sumatoria potencialmente asintótica de entidades cuya existencia sólo se verifica por la performatividad que les otorga su agrupamiento psíquico.

23. Siguiendo el mismo paralelismo, un fracto no es un sustrato del que sea admisible una predicación puesto que si los elementos de un fracto existen *in dicto* en uno de ellos, pueden hacerlo *in re* en otro. Así puede ocurrir con los casos de los entes inexistentes en un mundo, subsistentes en otro, pero reales en un tercero. Sólo los contactos disyuntos entre los fractos, gracias al principio de individuación, pueden concentrar en una convergencia transitoria lo que originariamente no son más que fragmentaciones expresivas de un Ser des-totalizado.

24. De esto se sigue que la diferencia ontológica misma entre ser y ente se vuelva del todo inconducente puesto que, aunque el Ser tiene una función trascendental, no puede posicionarse sino como inhesión de sí mismo o como incisión de todo principio de individuación. Al Ser se lo capta como incisión y, al mismo tiempo, esta última no es más que la fase sensible de una condición trascendental *inhaesiva*. La disyunción, precisamente, cumple la función de indistinguir las modalidades de la diferencia no para crear una mismidad sino, al contrario, una diferencia irreductible a cualquier dialéctica o reconciliación metafísica de un olvido presupuesto que no es más que la constatación de una propiedad originaria: la fractualidad como destino último del Ser.

25. La pluralidad de mundos implica el postulado según el cual, cada mundo, puede encontrar su origen, entropía y dispersión final pero no así los fractos que, como expresión formal del Ser, desconocen la existencia del espacio y del tiempo que sólo son realizables en los mundos actualizados. Dichos mundos, por su parte, no son producto de una hologénesis cósmica sino que la creación y destrucción de mundos sigue una dinámica continua. Los fractos son, por así decirlo, la *dynamis* que hace posible la propiedad de la pluralidad en el dis-verso en el que ninguna divinidad providencial actúa como motor de una totalidad, por principio y por factualidad, imposible.

26. Dado que la pluralidad de mundos no implica ninguna selectividad providencial de los mismos según el criterio de algún tipo de evolución metafísica, se podría decir que no existe un axioma de Grinnell para-ontológico puesto que no hay competencia entre los mundos por su propensión al Ser. Su pluralidad, garantizada por el trascendentalismo de los fractos, permite todo tipo de convergencias no excluyentes aun si estas no siguen el principio de no contradicción.

27. La dicopatría ontológica es un rasgo constitutivo de los elementos que se amalgaman en los fractos en su disyunción inharmónica originaria. Sólo los ecos transmundanales y los lazos temporalmente acotados de un punto de individuación permiten una convergencia accidental y no sustantiva entre los fractos. El contacto efímero de elementos de fractos diferentes permite lo que habremos de denominar la haptonastia o propensión a la convergencia de la heterogeneidad de los fractos en su dehiscencia formal.

28. El *principium individuationis* es una convergencia formal de distintos exo-morfos de los fractos expresados en el interregno entre lo visible y lo Invisible. De ningún modo constituye un vértice de la sustancialidad. Al contrario, toda individuación es, desde el punto de vista del sustrato, una anulación del yo, de la conciencia y de la unidad. Así pues, el *principium individuationis* no es, de ningún modo, substante. No así la *haecceitas* que permanece como apercepción estructural que el ser hablante capta como *lógos* discursivo pero que, en realidad, todo cuanto es viviente experimenta en el *Lógos* post-locucionario como lenguaje universal abierto de la vida según el principio de la inmortalidad disyuntológica.

29. Un *lógion*: no hay armonía en la proporción cosmológica. Un corolario: hay *inharmonia mundi*, vale decir, el acosmismo es el régimen prevaleciente en el conjunto abierto conocido como dis-verso.

30. La distinción entre lo animado y lo inanimado queda abolida como postulado rector dentro de la disyuntología sin que esto signifique, sin embargo, una apuesta por el panpsiquismo dado que este, de un modo u otro, necesita como fundamentación una *Ur*-psique originaria, a la vez inmanente y trascendente, que el *diá ón* torna imposible. La diseminación de Psique no resulta en un Todo pensante sino, al contrario, en la fragmentación del pensar (que pue-

de ser indistinto a lo animado y lo inanimado y, por tanto, eventualmente albergado en ambos) pero de ningún modo universal. A la fragmentación diseminada del pensar se corresponde no sólo el sin-sentido primario de la ilogicidad del *Lógos* post-locucionario sino también el sin-sentido de lo que está más allá de todo psiquismo.

31. El así llamado *Noûs* separado, en sus diversas declinaciones, nunca es sinónimo del Todo sino que, al contrario, no es más que un fracto de pensamiento incompleto e inconexo desde el punto de vista de una omnicomprensión que buscase una coherencia destinal a la totalidad de los mundos posibles que no fuese otra que el acaecer mismo de su desmultiplicación perenne.

32. Los espectros, daimones y divinidades pertenecen a lo Invisible (*tò aóraton*) cuyo régimen de visibilidad es la psiqué-enel cuerpo. Su letra se inscribe en el *principium individuationis* y su gravitación en el Ser se corresponde con una subsistencia allende la ontología clásica. La espectralidad es el modo en el que los fractos dan cuenta de su tesitura para-ontológica, pertenece al ámbito de estos últimos y es la *ékfrasis* de la disyunción en el Ser situándose, de este modo, más allá de cualquier fenomenología pues, no siendo fenoménica, hiende todo intento de manifestación en el Abierto (*Lichtung*). La disonancia del espectro es el tono para-metafísico que impide la Unidad del acosmos y marca, de ese modo, la deflexión de lo continuo en lo real fractualizado.

33. El carácter *disjectus* que presenta todo fracto encuentra su expresión, en algunos mundos como el nuestro, en el aspecto irremediablemente fragmentado de toda sexuación que, por propiedades ontológicas, se sustrae a toda normativización del *genus sexualis* o *phsysicum*. El objeto de deseo es, por definición, la búsqueda de la incongrua *emendatio* del Ser que atrae, precisamente, por su imposibilidad, haciendo del Amor el simulacro o artefacto del *spiritus* necesario para que la disyunción de Pisque no sea *alienatio sui* sino desindividuación. El Amor como muerte es la consagración de la inmortalidad del deseo como constante para-cósmica.

34. Según lo que podríamos denominar el principio de estabilidad de Lotze, "la imagen que ahora tenemos que hacernos de la forma viviente (*die lebendige Gestalt*) es la que se corresponde con la asociación de muchos entes" (Lotze, 1885, I: 367). Ahora bien, esta pluralidad de entes se corresponde, en el caso de Lotze, con los innumerables individuos que dan cuerpo a la especie humana. Este legado de la metafísica forma parte del zócalo temprano de la inter-subjetividad como forma del más-uno en el pensamiento occidental contemporáneo. En contraposición, el principio de inestabilidad de la Disyuntología sostiene que no existe tanto inter-subjetividad como la convergencia de multiplicidad de entes provenientes de diversos mundos posibles anclados en sus respectivos fractos. La única *Gestalt* posible para el viviente es la que provee la acosidad de lo extra-mundano como condición primaria de la mundaneidad in-harmónica.

35. De allí se sigue que la acosmología del *diá ón* sólo pueda realizarse en la pluralidad de los mundos y, como nada puede perderse de los fractos aunque todo pueda extraviarse en ellos, la inmortalidad de fragmentación es un corolario necesario que se desprende de los postulados acerca de la realidad textural del acosmos. La inmortalidad de fragmentación es la única forma de supervivencia que puede darse en la eternidad de los fractos como estructura trascendental del Ser. La finitud, en cambio, marca la región ontológica de la vida viviente. Ahora bien, como no existe vida sin plus-devida, el excedente se vuelca sobre la aspectación fractual de

     Fabián Ludueña Romandini

la realidad en tanto posibilidad de supervivencia supra-personal tanto de lo biótico como de lo abiótico.

36. Puede entonces resultar comprensible que la antropotecnia no sea sino el nombre técnico para designar los complejos mecanismos ontológicos según los cuales un *principium individuationis* puede ser moldeado en la forma de una persona humana a partir de la horadación de su sustrato animal. La zoopolítica es apenas una tecnología finita para dar forma efímera a lo que resiste toda in-formación definitiva. El espectro testimonia, precisamente, del reverso de la zoopolítica que sólo al volverse espectropolítica puede captar la disyunción que atraviesa todo el fenómeno de la vida impidiendo su coincidencia consigo misma en una forma-de-vida.

37. No es necesario suponer ninguna teoría de la causalidad entre lo material y lo inmaterial o temáticas peregrinas como las relaciones entre el cuerpo y el alma que, desde la inveterada tradición cartesiana moderna, han llevado a la filosofía por caminos aporéticos. Al contrario, es preciso suponer que las llamadas "causalidades" entre las diferentes estructuras de lo real están sobredeterminadas por la acción fantasmal a distancia de los fractos entre sí, pues disyunción

no significa incomunicación sino imposibilidad de armonía o de convergencia en lo Uno.

38. Si lo material no es más que lo inmaterial según una expresividad diferente, ambos dominios, no obstante, pueden distinguirse en cuanto a su percepción por parte de las singularidades vivientes y los seres hablantes como dominios para-ontológicos específicos. En ese sentido, lo inmaterial ejerce un *influxus physicus* que hace que su forma de expresión sea la hendidura en el cuerpo. La acosidad es también una forma de *influxus spectrorum* sobre los cuerpos y, de esta forma, la acasualidad de las relaciones entre los fractos es reemplazada por una dinámica de *influxus* cuya acción coincide con su existencia performática en el movimiento que, desde los fractos, configura la dinámica de lo real.

39. Los fractos y sus elementos inmateriales no tienen ni preformación ni génesis. En ese punto, pertenecen a lo Inmemorial del acosmos donde la noción de origen carece de sentido porque no existe, en la estructura del Ser, ni el tiempo ni el espacio. En cambio, todos los dis-versos materiales tienen su aparición como expresión de la fractualidad como materia o universos perceptibles aunque no estén formados de un *substratum* material en la acepción del término que signifique necesariamente una percepción sensible.

40. La pluralidad de mundos y su dinámica para-ontológica así como el abismo de la Disyunción en el Ser pertenecen como objetos de estudio a la filosofía primera. La naturaleza de nuestro universo en particular puede ser también objeto, en cambio, no sólo de la filosofía sino de la ciencia física (y saberes aliados) con sus respectivas hipótesis regionales.

41. Una vez la fractualidad expresada en la materia o en las formas pensantes del acosmos, del que la noción de *Noûs* separado puede ser un ejemplo, no existe jerarquía entre materia y supra-materia pues la expresión no es génesis sino desdoblamiento del Ser en exceso de sí mismo. Un advenimiento en el propio núcleo disyunto del Ser que expande su expresión sin necesidad de crear algo distinto de sí mismo pues todos los posibles son, al mismo tiempo, actuales eternos en el Ser (incluido el *nihil*). Por eso, sostener que la materia es creada es simplemente una figura de discurso para dar cuenta de nuestras posibilidades de percibir un mundo actualizado particular. Desde el punto de vista del acomos, sólo existe desvelamiento u ocultación de la perennidad del

Ser. La disyunción permite, justamente, la dinámica de esa expresividad. Esta última no es equivalente a la metafísica de la presencia pues la para-ontología de la expresión se distancia decididamente de la mostración óntico-ontológica clásica.

42. El Amor no puede existir en el acosmos sino como muerte mundana y trans-mundaneidad de expresión debido a que, entre dos seres parlantes (o más), la función amorosa es de carácter biyectivo (o pluriyectivo), vale decir, se cumplen las reglas de la inyectividad y la sobreyectividad en un plano para-ontológico. Así, cuando un ser parlante busca la identidad con el Otro sólo puede encontrar la diferencia. Salvo que la diferencia es disyuntiva y el lazo confluye en la disolución de las subjetividades que se encuentran en la afluencia de una muerte en un mundo específico.

43. La voluptuosidad según los términos definidos previamente (LUDUEÑA ROMANDINI, 2018: 148-151) resulta el único modo de espectralizar la finitud en incorporal que, aunque inalcanzable *per se*, es pasible de experiencia ultra-sensible.

44. De esta manera, las únicas dos constantes que existen en la pluralidad de mundos que constituyen la expresión de los fractos son el Amor y la Inmortalidad. La primera constante tiende al polo de la disolución en un mundo específico. La segunda constante actúa como una suerte de razonamiento diagonal de Cantor poniendo en evidencia una multiplicación de mundos con diferentes tipos de infinitos que tienden a una cadena que no puede ser cerrada y se basa en un creciente poder aumentativo de expresividad. Sin la primera constante, no se conocería la finitud. Sin la segunda, no podría accederse a la finitud de la finitud.

45. En el dis-verso no existe, desde el punto de vista para-ontológico, un ente *simpliciter*, es decir, sin cualificación. La disyunción califica todo cuento existe y, por tanto, lo pone en lazo circunstancial con los fractos que lo determinan. La determinación es siempre contingente y no oclusiva siendo así el límite para-metafísico del nihilismo que recorre el dis-verso apoyándose en las capacidades de disolución de Omega. De allí que el proyecto póstumo presente una deficiencia estructural que pone al descubierto una inconsistencia para-ontológico-política que, tarde o temprano, hará falaz la ambición de los sectarios del Anti-Número.

46. Por la misma razón, el *secundum quid* adquiere en el dis-verso una pregnancia decisiva porque nada puede existir si

no es bajo este modo. Todo ente es a partir de los fractos que lo determinan, *secundum quid*. De allí que no existen esencias y son precisamente las antes llamadas funciones secundarias las que pueden tornarse determinantes según el punto de vista que se adopte. Y la noción misma de punto de vista puede tornarse una ilusión en un contexto semejante. De allí que el recurrir al concepto de *principium individuationis* no consiste en aferrarse *postliminio* a una noción desterrada sino que, al contrario, se trata de conferirle un nuevo sentido al único modo de convergencia posible en un punto del dis-verso que se define por las miríadas de rasgos secundarios que nunca pueden articular una esencia, o una vida aferrable, o una biografía, o un eterno retorno o tan siquiera un *Nachleben* que asegure una identidad que ya no esté rasgada hacia el camino de su desfiguración para-ontológica.

47. El trascendentalismo inmanente que la teoría de los fractos configura en el Ser no admite la necesariedad (pero sí la contingencia) de los tres grandes principios metafísicos: no contradicción, razón suficiente y antropismo tal y como ha sido oportunamente estudiado para la pluralidad de los mundos posibles (Ludueña Romandini, 2020: 41). Un fracto admite que, su campo, A y no-A puedan tener lugar (esta es, precisamente, la ilogicidad del espectro); ningún elemento se fundamenta en un fracto como sustrato sino que se alberga en él como insistente y, finalmente, nada en la estructura de los fractos se orienta, a priori, a los fines de la justificación metafísica del *ánthropos*.

48. Una idea, un demon, un espectro son entidades que guardan un parentesco de familia aunque puedan distinguirse teóricamente entre sí. Un espectro es la archi-huella acosante de la disyunción, un demon es la potencia efluxiva de los fractos en el momento de su expresión y una idea es la materialización del ánimo pensante que es capacidad de todo fracto. Las ideas pueden eventualmente agruparse en diversos *Noûs* de diferentes mundos posibles pero estos últimos no son más que conjuntos contingentes asociados por la circunstancia de un universo particular. Las ideas, en cuanto tales, surgen y se disgregan en una dinámica permanente que resulta propia del campo de los fractos.

49. La corporalidad que tiene lugar como fenómeno, por ejemplo, de la condición de los seres parlantes del universo posible donde se encuentra Gaia, es la inmaterialización expresiva de un fracto según la forma de un empirismo provisorio. El cuerpo es empírico en cuanto marcado por la

Letra que es signo de la estructura fractual y por tanto, al mismo tiempo, Lenguaje post-locucionario. No obstante, ningún empirismo performado por un archi-signo fractual puede constituirse como totalidad corporal a menos que haga suyo que no es sino un agregado de *spiritelli*.

50. El *Lógos* es el depósito de las huellas de los signos que indican siempre la posibilidad de atisbar la disyunción originaria de todo cuerpo en su relación con los fractos. La Voz es la in-harmonía anárquica como expresión de la disyunción sobre la cual la armonía crea el velo, siempre rasgado, del Ser-Uno. El *Lógos*, cuando comprende su carácter post-locucionario, accede al punto donde, más allá de la lingüística, surge la confrontación con la Disyunción que nunca puede decirse en lo dicho pero que se enuncia en la distorsión permanente del sentido y en los intersticios ilógicos de los lenguajes tanto naturales como formales.

51. Un *principium individuationis* es una intersección acósmica y nunca un amalgama cerrado de la Unicidad. Se trata de la expresión de los fractos provenientes del dis-verso: su propiedad exo-corporal hace que las ideas no circulen en su interior sino que se deslicen en su superficie. Su intensidad

  Fabián Ludueña Romandini

intra-corporal, en cambio, permite que los démones y los espectros acosen su conciencia para desviarla de cualquier auto-reflexividad y precipitarla en el abismo de Psique que no es sino el nombre de la vida disyunta.

El *principium individuationis* es, justamente, una suerte de *sensorium* donde reverberan las potencias del acosmos en una convergencia contingente de démones, espectros, ideas y materias: todo ello forma un cuerpo y permite, por ejemplo, la existencia del ser hablante que, mediante la influxión, es demarcado por los fractos que conforman al Ser. Los agregados que forman los cuerpos, por su parte, no implican jerarquías sino elementos de un conjunto abierto, contingente y efímero.

52. La pale-ontología que no deja de ser una forma de crítica histórica de la metafísica junto con otras metodologías diferentes como, por ejemplo, la deconstrucción, la genealogía o la arqueología deben tomar todos los recaudos para no devenir un viaducto que las convierta en una suerte de agnoiología acerca de los problemas de la filosofía primera. No hay que olvidar la admonición: "la historia de la filosofía es la negación de la filosofía" (Cioran, 1973: 177). Por tanto, las críticas de la metafísica son entendidas aquí como prolegómenos para una para-metafísica de carácter especulativo.

53. Toda metafísica implica siempre una política. Así como la mónada era, por ejemplo, la declinación metafísica de la teología política monárquica o la vida como sustancia la forma privilegiada por las democracias occidentales herederas más o menos cercanas de la Revolución francesa, los fractos encuentran su politicidad más allá de la anarquía del Ser siendo el elemento que desurde toda institución instituida y hace que los agrupamientos humanos sean conjuntos efímeros que no pueden cristalizarse en la forma del Poder. Sólo la forclusión de la fractualidad hace posible la instauración de los poderes del mundo. Ante los fractos, ni siquiera el Único puede conservar su propiedad pues no hay *unicum* (aún sin fundamento) ni mucho menos propiedades asignables a un principio de individuación como accidentes definitorios.

54. La filosofía política aún no ha logrado convertirse siquiera en una suerte de *Weltwissenschaft* a la altura de lo que alguna vez *Homo* añoró. Aún sigue desintegrada por las ilusiones de la geografía que le impiden asumirse como una ciencia auténticamente global.

55. Sin embargo, en el presente sería inverosímil que alguien escribiese un tratado bajo el título de *De quantitate terrae* *habitabilis*, como alguna vez pudo ejecutarlo Pierre d'Ailly pues no existe hoy ningún punto del orbe al que la devastación humana no haya llegado. Aun así, se destruye globalmente pero se piensa localmente. Con todo, un pensamiento dis-locado es la condición necesaria para una ciencia de lo político que aspire a renovar sus postulados geodésicos.

56. Hesiquio de Alejandría es quien legó a la posteridad una sofisticada y exótica expresión que podría ser el *motto* de la filosofía política del futuro: *chórtos ouranoû* o jardín del cielo. De hecho, la disyuntología de los fractos, en sus postulados, no sólo debe ser un adyuvante para la política de Gaia sino, sobre todo, la puerta de acceso para una filosofía de las formas políticas exo-geodésicas que puedan surgir si la Gran Migración hacia el cosmos tiene lugar como destino para los vivientes de Gaia.

57. De esta forma, la política de los fractos es enteramente espectral pues, a la vez que desliga todas las instituciones temporales, hace converger a los seres vivientes con el mundo de lo Invisible. Su política es la de los transmundos posibles que no alcanzan nunca otra identidad que la ausencia de toda vocación de estabilidad. De esta forma, la disyunto-

logía propugna por una hiper-cosmología política que pueda dar cuenta de la pluralidad de los mundos posibles. En consecuencia, cualquier política que se limite a Gaia y a un único Universo como límites de su contorno conceptual es ajena al dictado de los fractos. No existe, todavía, una política de este tipo pero, acaso, podrá ser la política por venir en los futuros eones.

58. De igual modo, la política fractual está alejada de toda utopía o principio esperanza en el sentido de que es imposible una política redentora o de reconciliación dialéctico-mesiánica en todas sus vertientes. La disyunción es una condición objetivante del dis-verso plural que, en sí misma, no comporta ninguna tragedia salvo para los seres hablantes que aún se aferran a la ilusión de una infancia política que cierre la disyunción que causa el pavor ante el abismo. Al contrario, la fractualidad es una invitación política a habitar la disyunción en cuanto tal y asumir los artefactos de una politicidad efímera pero, por ello, un poco más libre de los señuelos del Poder que promete el espejismo del Uno como salvación de la vida, la salud o la *Humanitas*.

 Fabián Ludueña Romandini

59. La ética debe entenderse como el aspecto irreductible con el que debe medirse todo pensamiento especulativo. La disyuntología reclama una ética cuyos principios no sean antrópicos sino que tomen su marco de referencia a partir del acosmismo que plantea la pluralidad de mundos como expresión de la fractualidad del Ser. No puede haber, en ese sentido, una ética preceptiva ni codificada. No obstante, en su forma más inmediata, un memento debe ser tenido presente como guía: habitar la disyunción implica hacer lugar a la *epopteia* que señala a la locura divina que hace de lo Invisible un campo de lo subrepticiamente enunciable, como el destino de toda para-ontología. Lo divino no es aquí otra cosa que el punto donde pivotan los dis-versos en su acosidad insoslayable. La ética, por tanto, antes que enunciado, deviene escucha de la enunciación trans-mundanal que no es otro acto que la captación del estrépito primigenio, el inescrutable *Ur-Geräusch*. Por esta razón, aquello que algunas veces se ha buscado, infructuosamente, como lo que podría estar más allá del Ser no es otra cosa que el abismo de la Disyunción expuesta como tal.

60. Filóstrato de Atenas había indicado que sólo los dioses pueden percibir los hechos futuros. Los hombres, en cambio, sólo alcanzan la pesquisa de los eventos ya ocurridos. Finalmente, el sabio conoce los que se aproximan (Filóstrato de Atenas, *Vida de Apolonio de Tiana*, VIII, 7). En este sentido, Schelling quizá ha sido el filósofo que más lejos se ha aventurado en conocer los tres tiempos de Filóstrato según una de las más ambiciosas teologías político-metafísicas del cosmos jamás concebidas (Stütter, 1962: 600-615). Como reza el inicio de la primera versión de sus *Edades del Mundo*: "lo pasado (*das Vergangene*) es sabido (*gewusst*), lo presente (*das Gegenwärtige*) es conocido (*erkannt*), lo futuro (*das Zukünftige*) es presentido (*geahndet*)" [Schelling, 1993: 3]. Su configuración del desarrollo de la Divinidad a través de los Eones (*Weltalter*) introdujo una nueva ambición en la temporalidad filosófica de la que nadie quiso tomar el guante para refugiarse, en cambio, únicamente, en la Historia humana. Ahora que *Homo* ha fenecido, puede ser el momento de retomar no el sistema sino el espíritu de los Eones de Schelling para lograr una inteligibilidad de la intemporalidad de los fractos disyuntos así como del tiempo que todo lo consume en nuestro mundo posible. El programa de la filosofía por venir, entonces, deberá comprender los alcances y las implicaciones del Eón de la Disyunción que se vislumbra ya en los tiempos que el filósofo humildemente escruta.

B
PARERGA

Scientia

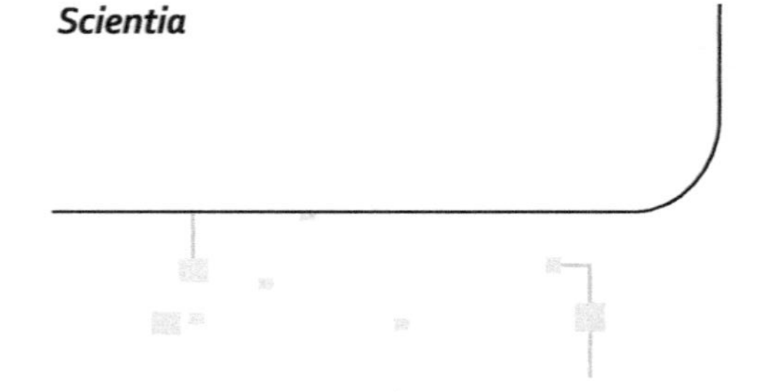

[I]   El panorama que traza Edmund Husserl cuando expone su diagnóstico sobre la Krisis de las ciencias europeas, no sólo no ha perdido un ápice de su vigencia sino que, al contrario, el paso del tiempo ha tornado a la visión husserliana acaso más lacerante y oportuna (WAHL, 1957). Ciertamente el "naturalismo" y el "objetivismo" han conducido a una crisis que, para Husserl, tiene sus antecedentes históricos en la ciencia griega y su concepto de "verdad objetiva".

Ahora bien, Husserl es completamente consciente de que la Guerra (*Krieg*) ha precipitado la crisis y el cambio epocal:

> en el desamparo de nuestra vida (*Lebensnot*) –es lo que se oye en todas partes– esta ciencia (*Wissenschaft*) no tiene nada para decirnos. Las preguntas que ella excluye por principio son precisamente las preguntas más urgentes de nuestra desdichada época (*unseligen Zeiten*) para una humanidad abandonada a los cimbrones del destino: son las cuestiones que portan sobre el sentido (*Sinn*) o sobre la ausencia de sentido (*Sinnlosigkeit*) de toda esta existencia humana (*menschlichen Daseins*). (HUSSERL, 1954: 4).

Si se ha podido llegar hasta este punto, estima el filósofo, esto se debe a que se ha menospreciado el "ego-originario (*Ur-Ich*), el ego de mi *epoché*, que no puede jamás perder su unicidad (*Einzigkeit*) ni aquello que hay de personalmente indeclinable (*persönliche Undeklinierbarkeit*)" [HUSSERL, 1954: 188]. Por ello, precisamente las "ciencias del espíritu", que el nihilismo de la pos-guerra que ha puesto en duda junto con "la vocación de Occidente respecto de la humanidad (*der menschheitlichen Sendung des Abenlandes*)", deben ser el fundamento último de toda ciencia. Este postulado se sostiene en una tesis que le sirve de basamento: "sólo el espíritu (*Geist*) es inmortal (*unsterblich*)" [HUSSERL, 1954: 348].

Si el mundo de la vida ha sido enmascarado por las objetividades ideales de la ciencia, la apuesta de Husserl llegó a extremos que, en muchas ocasiones, desafían incluso la posterior filosofía de Heidegger. Es el caso del concepto-límite de "Cosa (*Ding*)", es decir, de aquello absolutamente desligado, que se encuentra más allá tanto de lo material como de lo animado y que desafía los alcances de las ontologías regionales para sentar las bases de una *characteristica universalis* que proceda, más allá del *quantum* de las ciencias, sobre nuevas bases cualitativas. Aun así, uno de los más fructíferos conceptos del Husserl tardío encuentra todavía su imposibilidad de desarrollo en tanto y en cuanto se halla limitado por la mónada individual que permite la *epoché*.

A la vista de lo expuesto, la apuesta husserliana debe ser resituada en aquello que el propio filósofo no fue capaz de captar en plenitud pues creía que *Homo* podía ser aún el "fénix de una nueva vida interior (*Phoenix einer neuen Lebensinnerlichkeit*)" [HUSSERL, 1954: 348), algo que, como el devenir de los tiempos testimonia, no ha sido el caso. De modo que una reconsideración del punto de vista husserliano se hace pregnante tanto más cuanto que debemos entender que detrás de la crisis de las ciencias lo que se oculta es el final de *Homo*.

Ese es el punto ciego de la fenomenología husserliana: la *epoché* ya no es posible porque, precisamente, el *Lebenswelt*, el mundo de la vida en el que *Homo* tenía un lugar privilegiado, ha sido arrasado y hoy es tierra extinta. El *Ur-Ich* ha estallado en su ilusoria unidad y ya no es posible esperar otro destino que la acosidad que diluye toda posibilidad de serena *epoché*, al tiempo que el muro del sin-sentido limita toda fenomenología trascendental reclamando por una disyuntología radical que pueda dar lugar al decir de lo que no puede ser dicho o de lo que no ha podido ser dicho todavía.

La ciencia, ahora librada a sus propias potencias, carece de la posibilidad de brindar sentido, para empezar, sobre sí misma. Y desde ese punto de vista resulta susceptible de apropiación por parte de cualquier discurso que desee articular sus propósitos según las más diversas direcciones. Es el caso, evidente desde el siglo XX en adelante, cuando la política tomó a la ciencia como una auténtica tecnología de poder *tanato-poiético*.

[II] En una serie de cartas, y de borradores de cartas, que Simone Weil concibió para su hermano André, la filósofa designa el estado actual de la ciencia moderna en la cual una cesura irreversible se establece respecto de su contrapartida antigua: "para [los Griegos] las matemáticas constituían, no un ejercicio del espíritu, sino una clave de la naturaleza; clave buscada no con vistas a la potencia técnica (*puissance technique*) sobre la naturaleza, sino con el fin de establecer una identidad de estructura entre el espíritu humano y el universo" (Weil, 2008: 103).

De allí se sigue una apreciación sombría sobre la matemática moderna: "si el objeto de la ciencia y del arte es volver inteligible y sensible la unidad entre el universo y el espíritu humano [...], la matemática actual, considerada ya sea como una ciencia, ya sea como un arte, me parece singularmente alejada del mundo" (Weil, 2008: 103). Finalmente, el veredicto se torna perentorio: "la matemática actual constituiría una

pantalla entre el hombre y el universo (y seguidamente entre el hombre y Dios, concebido a la manera de los Griegos) en lugar de colocarlos en contacto" (Weil, 2008: 103).

Es necesario entonces, profundizar en el camino abierto por Simone Weil pues, precisamente, lo que podemos denominar la "hipótesis hiper-cosmológica" refleja el resquebrajamiento de la identidad de estructura entre el espíritu humano y el universo. En el vocabulario clásico de la filosofía, esa identidad estructural era denominada "armonía del mundo" (Jan, 1894: 13-37). Con el surgimiento de la matemática probabilística de la mecánica cuántica (pero, genealógicamente según Weil, con un linaje teórico remontable al propio Descartes), se produce una cesura de discontinuidad en la episteme occidental que marca el final de la ciencia, acontecimiento que es el heraldo del surgimiento de lo que hemos dado en llamar la hiper-ciencia y cuyos presupuestos no descansan sino en la *in-harmonia mundi*.

En la literatura, nombres excelsos han descripto diversos aspectos del fenómeno. Con todo, la *weird fiction* de H.P. Lovecraft ha sido quizá el intento más eficaz de dar cuenta de esta auténtica mutación ontológica sin precedentes que coincide, punto por punto, con el ascenso de los Póstumos. En el crepúsculo de la metafísica, este panorama deja al descubierto la disyunción como principio rector de la para-ontología. O bien los Póstumos y su hiper-ciencia tomarán el gobierno absoluto del mundo por medio del discontinuo como nuevo Universal o bien la disyuntología puede tener la oportunidad de hacer de la *in-harmonia mundi* el venero de la posibilidad de pensar nuevamente, de cabo a rabo, aque-llo que entendemos por el Ser sin ninguna garantía para el extinto *Homo* pero seguramente con una posibilidad de su-perar el imperio póstumo en una nueva e inaudita figura de lo ultra-viviente que modifique todo nuestro entendimiento de cuanto forma parte del acosmismo reinante en la plurali-dad de los mundos posibles.

[III] Inciso ético. "El mundo tiene necesidad de santos que tengan genio como una ciudad donde cunde la peste tiene necesidad de médicos. Allí donde hay necesidad, hay obli-gación (*là où il y a besoin, il y a obligation*)" (WEIL, 1966: 82). Este es un auténtico axioma de la filosofía y el único principio ético del filósofo: no es casual, según parece, que una pes-te haya tenido que ponerlo de relieve cuando todas las vo-caciones, comenzando por la propia medicina, parecen ha-berse inclinado ante el rédito político y económico o ante el mundo de las apariencias propias del reconocimiento social.

  Fabián Ludueña Romandini

In-harmonia mundi

[I]   La obra poética de Howard Philip Lovecraft es, con mucho, menos conocida que sus relatos. Indudablemente es parte integrante, con pleno derecho, de lo que denominaremos los Scripta de Lovecraft, es decir, un conjunto heterogéneo compuesto de relatos de diversa extensión (algunos escritos en co-autoría), ensayos filosóficos, escritos periodísticos, textos sobre ciencia, crítica literaria, política, escritos de viajes, apuntes de variado objeto y tonalidad y una copiosa correspondencia. Con todo, diversas articulaciones resultan posibles dentro de esa masa textual. Ciertamente, es motivo de discusión si el propio Lovecraft creía en la propia mitología que había creado. Hay indicios, en sus ensayos y cartas, de que el tenor profundo de la filosofía vehiculizada en los relatos era compartida por el escritor pero no así la forma exterior de la mitología.

En ese sentido, hay oportunidad de distinguir, según los textos, las posiciones de Lovecraft. Esta posibilidad, no obstante, no se torna para nada sencilla con su poesía. Es plausible sostener que su poesía pertenece a registros diferentes del *corpus*. Por un lado, la materia poética, en muchas ocasiones, está al servicio de la mitología literaria pero el sentido profundo arraiga en las convicciones últimas de Lovecraft. Por otro lado, hay poemas completamente desvinculados de los mitologemas fundamentales. Y las posibilidades combinatorias pueden multiplicarse no sólo por medio de la comparación de diversos poemas entre sí sino también dentro de la estructura de un mismo poema.

Por esta razón, habremos de circunscribirnos, en estas consideraciones, al análisis de un conjunto numéricamente limitado de poemas, los cuales, en casi todos los casos, tienen la doble propiedad de ser parte integrante de los mitologemas centrales de la obra narrativa y, al mismo tiempo, de tener la capacidad de transmitir la filosofía subyacente en el Mito lovecraftiano. Por cierto, nuestra aproximación toma fundamento en la hipótesis de que es posible distinguir, con toda rigurosidad, una filosofía que se despliega en la mitología del escritor de Providence. La formación y los intereses filosóficos de Lovecraft están fuera de toda duda, pero sus creencias metafísicas últimas son, al mismo tiempo, sumamente variadas, contradictorias en ocasiones, pero siempre mucho más profundas y rigurosas de lo que sus exégetas suelen suponer.

De esta forma, los estudios sobre la filosofía de Lovecraft tienen aún mucho camino por recorrer cuando, por el contrario, la crítica literaria de su obra ha avanzado, como era de esperar, con paso más firme desde hace tiempo. Del mismo modo, la concepción filosófica de Lovecraft se co-

loca en relación, a la vez que se diferencia, respecto de la disyuntología aquí propuesta (Ludueña Romandini, 2013).

Habremos de concentrarnos entonces sobre la visión cosmológica de Lovecraft. Y sobre esta última sostenemos la existencia de lo que nos gustaría denominar la "hipótesis hipercosmológica" en la cual se inscriben sus preocupaciones. Esta presupone, efectivamente, que Lovecraft enmarcó su obra en un cierto ideal de la ciencia que se transformó en un zócalo epistemológico a partir del cual estableció una filosofía sobre el universo material y el destino del hombre.

La ciencia ideal de Lovecraft, dado el tiempo en el que vivió, no fue otra que la física en sus formas más avanzadas. Gran conocedor de la historia y de la práctica astronómicas, Lovecraft nunca dejó de interesarse por el potencial de pensamiento y las posibilidades literarias que los descubrimientos de Einstein y la interpretación de Copenhague habían puesto a disposición de los eruditos. De esta manera, si bien no fue el primer literato en establecer estos puentes con la ciencia física, ciertamente fue el más riguroso y consecuente de los escritores de *weird fiction* de su generación en postular la ciencia ideal en ideal de ciencia para toda filosofía por venir. Un guante que, hay que reconocerlo, la filosofía contemporánea aún no ha sabido recoger en toda su amplitud y con todas sus consecuencias.

Los versos de Lovecraft responden perfectamente, en cuanto a su estructura, al principio de paralelismo del artificio poético tan magistralmente expuesto por la lingüística estructural (Jakobson, 1981: 39). Sin embargo, nuestro objetivo en estas páginas no será intentar una "microscopía" de las formas poetológicas (Jakobson, 1981: 465) de los versos lovecraftianos sino más bien focalizarnos sobre la macroscopía que supone su inscripción en un universo postulado como cosmológicamente en ruptura con la concepción antigua y medieval del orden astronómico. Como ningún otro escritor, Lovecraft defenderá la tesis de que la filosofía de nuestra época aún no ha sido capaz de pensar las consecuencias ontológicas últimas de la revolución producida en el seno del ideal de la física a partir de Galileo hasta Einstein.

Sin duda, la filosofía ha tomado en consideración a la física moderna pero, desde la perspectiva de Lovecraft, de un modo harto insuficiente, pues no ha podido renovar sus conceptos para llevarlos a la altura de los nuevos desafíos propuestos por esta ciencia. En este sentido, la metafísica occidental es todavía una heredera epistémica de un cosmos griego-latino y cristiano, mientras que la poetología cosmológica de Lovecraft propone adentrarse en los abismos de un universo completamente ajeno a las categorías propias de la onto-teología occidental en su tradición milenaria. Para comprender el alcance y la significación de esta apuesta lovecraftiana debemos examinar pale-ontológicamente, en primer lugar, algunos rasgos de la concepción clásica y cristiana del cosmos.

[II]   Los filósofos, a partir de Platón en adelante, ofrecerán una imagen muy delineada del cosmos (aún cuando haya elementos evidentemente heredados de la antigua tradición de los sabios preplatónicos). Del mismo modo, en ciertas corrientes religiosas, como el gnosticismo, los modelos de la filosofía clásica volverán a teñirse de algunas coloraciones más sombrías (Denzey Lewis, 2013). La concepción clásica del universo puede verse bien ejemplificada, por ejemplo, en el *Timeo* (32D-33A) de Platón (Cornford, 1937; Vlastos, 1975; Gloy, 1986):

sus intenciones [las del Demiurgo] eran las siguientes: que [el universo] fuese, en la medida de lo posible, una criatura viviente, perfecta, constituido de partes perfectas; y luego, que pudiese ser único, de modo que no hubiese nada de sobra a partir de lo cual otra criatura viviente semejante pudiese advenir a la existencia [...] Por lo tanto, debido a este razonamiento, [el Demiurgo] lo modeló [al Universo] para que fuese un conjunto único, compuesto de todos los conjuntos, perfecto (*téleon*), exento de la vejez (*agéron*) y de la enfermedad (*ánoson*). (PLATÓN, 1999: 60-61).

En este sentido, la forma del Cosmos es modelada por el Demiurgo según una triplicidad que constituye la esencia de su orden: se trata de un Todo cuya *perfección* es producto de su *inmutabilidad sustancial* y de la ausencia de toda *corrupción* constitutiva. Esta visión, no obstante, se refuerza en el platonismo posterior como es posible comprobarlo a través del *Comentario* (I, 26) que Proclo realiza de este diálogo platónico:

Más aun, que todo esto sea hecho de acuerdo con lo correcto introduce una imagen de la Justicia que ordena todas las cosas junto con Zeus [...] una imagen de la causa que ilumina el universo con la belleza demiúrgica, y los presentes hospitalarios del intercambio que está determinado por las propiedades especiales de las divinidades [...] activando sus propios poderes [los dioses] contribuyen a la completud del primordial orden providencial del universo llevado adelante por el Demiurgo. (PROCLO, 2007: 120).

Resulta aún tema de debate, por cierto, la determinación de cuánto de estas reinterpretaciones platónicas son debidas, en gran parte, a Siriano, el maestro de Proclo (WEAR 2011). Pero, en cualquier caso, resulta de capital importancia la introducción de la Justicia como elemento constitutivo de la astronomía en la tradición platónica. En efecto, esto muestra, con toda claridad, que el cosmos antiguo no es meramente el resultado de leyes divinas y humanas de un movimiento planetario impersonal sino que, al contrario, se trata de un universo permeado éticamente y constitutivamente orientado hacia el Bien. Desde esta perspectiva, no es posible pensar en una astronomía meramente matemática sino que la matematización de la cosmología antigua es consustancial con la ética.

Y, *mutatis mutandis*, toda ética tiene su anclaje en una cosmografía sumamente precisa. En este contexto, la ética no es meramente la forma de vida propia de los hombres sino que cada decisión individual, cada gesto que modela una vida, tiene que estar en conformidad con el Todo que supera al hombre y resulta en la fuente donde este puede abrevar para constituir su *modus vivendi*. Así considerada, toda la astronomía antigua es una forma de *ethos* cosmológico y toda la determinación de la acción humana demanda una exterioridad radical sobre la que se asienta el accionar humano. En este contexto, no existe la posibilidad de reducir la ley moral al mundo de las costumbres humanas: al contrario, las formas de la vida ética del hombre son

 Fabián Ludueña Romandini

el resultado de su inserción acordada en el orden de un cosmos transhumano.

De la mano de esta triplicidad conceptual que sella la eticidad del cosmos antiguo se plantea, asimismo, una imposibilidad fundamental: "resulta manifiesto que el Universo no es infinito" (ARISTÓTELES, 1949: 34: *De Caelo* I, 7, 15). Por esto mismo, en el *Tratado acerca del Mundo*, el Pseudo-Aristóteles, sobre el que la investigación contemporánea ha arrojado nueva luz (BOWEN – WILDBERG, 2009) puede sostener:

> El ensamblaje de la totalidad de los seres, quiero decir el Cielo, la Tierra y el Mundo en su totalidad, es un orden establecido por una sola armonía resultante de la mezcla de los principios más opuestos. Lo seco se mezcla con lo húmedo, lo caliente con lo frío, lo ligero con lo pesado, lo recto con lo curvo, toda la tierra, el éter, el Sol, la Luna y el Cielo todo entero son ordenados por una única potencia que se expande a través de todas las cosas [...] constriñendo a las naturalezas más opuestas que se hallan en él [el Mundo] para que acuerden unas con las otras y encontrar un medio de asegurar la conservación del Universo [...] La armonía es la causa de la conservación del Mundo. (ARISTÓTELES, 1949: 193: Ps.ARISTÓTELES, *De Mundo*, 396b-397a).

El triple principio del orden cósmico, entonces, está precedido por una instancia superior que hace posible dicha articulación: se trata de la *armonía* que se expresa en la estructura misma del cosmos y que permite que este se conserve como el asiento seguro del hábitat humano. Sobre esta base, entonces, podrá operar la astrología como ciencia astro-ética. Como señala uno de sus más conspicuos tratadistas antiguos:

> Cierto poder (*dúnamis*) que emana de la etérea substancia eterna se dispersa y permea toda la región alrededor de la Tierra, la cual está sujeta completamente al cambio dado que, de los elementos primarios sublunares, el fuego y el aire están rodeados y sufren el cambio debido a los movimientos en el éter y, viceversa, rodean y cambian todo lo demás, la tierra, el agua, las plantas y los animales allí. (PTOLOMEO, 1940: 6-7).

La astrología se torna posible una vez que adquiere consistencia lo que podríamos denominar uno de los grandes *themata* centrales de la cosmovisión antigua (HOLTON, 1978), esto es, la polaridad existente entre la armonía del Todo y la influencia de un universo perfecto sobre la vida que está llamado a proteger y estimular (NEUGEBAUER, 1975; NORTH, 1989). Los elementos de esta visión unificadora del cosmos pueden encontrarse, de modo ejemplar, en un texto órfico como el *Himno a Apolo*, 24:

Soberano de Delos, que posees una mirada que todo lo abarca e ilumina a los mortales, de áurea cabellera, que pronuncias puros preceptos y oráculos. Escucha mis súplicas en favor del pueblo, con ánimo benévolo, porque contemplas [...] la dichosa tierra, desde lo alto, y a través de la oscuridad, en la paz de la noche, bajo la sombra cuyos ojos son estrellas, examinadas [...] Todo lo floreces y ajustas armónicamente toda la bóveda celeste con tu muy sonora cítara, cuando [...] equilibras todo el cielo según el orden dórico, y escoges las razonas que se alimentan, aderezándoles a los hombres un destino totalmente reglado por la armonía [...] Por ello, los mortales te dan la denominación de soberano. (Orfeo, 1992: 256).

Como puede apreciarse, el carácter eminentemente político del himno eleva a Apolo como soberano de un cosmos ordenado y, como tal, garante del destino (político) de los hombres (Rudhardt, 1991; Detienne, 1989). Desde este punto de vista, puede articularse una taxonomía cósmica con el gobierno astropolítico de un universo antrópicamente orientado al bienestar y la proliferación del hombre sabio. En este sentido, más allá de las profundas transformaciones

que traerá a esta visión el cristianismo (Duhem, 1913), sus notas fundamentales serán rescatadas y resignificadas a partir de una misma visión integradora del hombre en un universo definitivamente favorable al asentamiento de la especie humana (más allá de ciertas condiciones particulares derivadas del mitologema del pecado original).

En efecto, la teología cristiana sólo puede ser comprendida a partir del principio cosmológico de la *ordinatio ad unum*, es decir, que toda la naturaleza creada obedece a un principio macrocósmico según el cual ésta deriva de un Dios creador y soberano, primer motor y garante del movimiento de las esferas (Tomás de Aquino, *Scriptum super Sententiis*, d. 15, q. 1, a. 2; Tomás de Aquino, *Summa contra Gentiles*, III, 82, 8, 1926, t. 14: 245). Este principio tiene su correlato, al mismo tiempo, en la ordenación microcósmica de los cuerpos (animados e inanimados) y de la naturaleza sub-lunar en su conjunto. Por cierto, como todo principio cosmológico es también un principio político, entonces es posible sostener, como lo hacía Tomás de Aquino, que "lo que se da según la naturaleza se considera lo mejor, pues en cada uno obra la naturaleza que es lo óptimo; por eso todo gobierno natural es unipersonal".

De este modo, sostiene Tomás, tal como las abejas –en el microcosmos– tienen una reina, de igual modo, "en todo el universo se da un único Dios, creador y señor de todas las

   Fabián Ludueña Romandini

cosas" según el principio de que "toda multitud se deriva de uno".

Ciertamente, la escolástica reinterpreta aquí, según los modos de la teología política cristiana, a Aristóteles (*Metafísica*, XII, 1076a), que se apoya, a su vez, en una interpretación filosófico-política de las fuentes homéricas (Homero, *Ilíada* II, 204). Por la misma razón entonces, en la *societas* humana "lo mejor será lo que sea dirigido por uno (*optimum sit quod per unum regatur*) (Tomás de Aquino, *De regno ad regem Cypri*, I, 2, 9 [1979, t. 42: 451])". La misma idea enuncia Tomás cuando declara que las cosas del mundo humano deben estar "ordenadas unas en relación a las otras a semejanza del orden que se encuentra en el universo" (Tomás de Aquino, *Summa contra Gentiles*, III, 81. 4 [1926, t. 14: 240]). De allí entonces que todas las comunidades humanas no sean sino un reflejo, por una parte, del orden cósmico y angélico y, por otra parte, un fragmento complementario del conjunto constituido por la *respublica generis humani*, esto es, la Cristiandad dirigida por el único gobierno del Dios trino. Como puede verse, el principio cosmológico es inseparable del político en toda la teología medieval (Lenoir, 1929).

Justamente por ello, algunos filósofos, aún en el Renacimiento, podrán en duda la legitimidad de la astrología, tomando como fundamento, precisamente, el sentido del or-

denamiento cósmico. Así leemos en uno de los comentarios bíblicos más originales del período:

Noble es esta criatura [el universo vivo] y digna de que la exaltemos y celebremos pero [...] nuestras almas han sido templadas, teniendo a Dios por artífice, en la misma crátera y con los mismos elementos que las almas celestes, procuremos no querer hacernos siervos de quienes son nuestros hermanos porque así lo quiso la naturaleza [...] Cuidado, pues, con desobedecer la voluntad del artífice y el orden del universo, como muchos lo hacen, dando y atribuyendo al cielo más de lo necesario; tratemos de esforzarnos en agradarle, en no disgustar a ese mismo cielo que lleva en lo más hondo de su corazón los decretos de Dios y el orden del mundo. (Pico della Mirandola, 1998: 142-143).

Para algunos filósofos más hostiles a ciertas formas de la adivinación, como será Pico, autor de las célebres *Disputationes adversus astrologiam divinatricem*, la astrología puede tonarse peligrosa, por las mismas razones que otros la defendían, esto es, en nombre de la armonía del cosmos (Garin, 1983: 83-112). Si para unos, dicha armonía comportaba una intervención de las fuerzas del cosmos sobre el destino humano, para otros, Dios había creado un universo en el que las esferas respondían a la perfección sólo posibilitando una libertad de acción al hombre al que estaban destinadas a servir.

A partir de allí será posible introducir una división en la historia (que radicaliza posiciones propias de una antigua tradición) para distinguir, por un lado, la historia natural (propia de las operaciones del cosmos) y la historia civil (abarcadora de las hazañas humanas). Por cierto, en ambas historias interviene la divinidad, postulan los filósofos renacentistas (Bacon, 1963, vol. III: 728-729); sin embargo, si no fuese por el lazo divino, la historia civil podría comenzar a desvincularse de su lazo con el cosmos pues ya se distingue una cesura de nuevo tipo donde la acción humana comienza su lento pero seguro proceso de emancipación que conducirá, finalmente, a las modernas concepciones propias de una historia humana divorciada del acontecer natural (Ash, 2004: 186-212).

De este modo, el lugar de lo infinito sólo puede ser asignado a Dios, ocupante de lo que algunos llamarán el "espacio imaginario (*spatiis imaginariis*)", mientras que el cosmos será el lugar de lo naturalmente finito (Compton-Carleton, 1649: 337, sectio IV, col. 2). Esta certeza sólo podrá encontrar su fin con la transpolación de las propiedades del infinito divino a la totalidad de la extensión del cosmos. El espacio

que consolida Newton, con su revolución teológico-política, abrirá un desafío para la filosofía que, desde entonces, ha tenido serias dificultades para tomar en consideración las implicancias ontológicas de la radicalidad del gesto newtoniano. Inesperadamente, probablemente la literatura de Lovecraft sea uno de los lugares donde esta reflexión fue llevada hasta sus últimas consecuencias, incluso mucho más allá de Newton. Algunas de estas intuiciones lovecraftianas, las encontraremos enunciadas en su inquietante poesía.

[III] El universo de los antiguos y los medievales era, finalmente, un universo antrópico y cerrado. Por lo tanto, expresa un sentimiento de maravilla ante el espectáculo de la naturaleza que se encuentra en variados textos del mundo greco-romano y, por supuesto, medieval y moderno. Todavía Newton compartía una forma de dualidad entre el universo de la ciencia moderna al que había llevado a una cima de realización teórica y el cosmos antiguo, pleno de armonía y constituido como una articulación postulada como necesaria entre Dios y el hombre (Beresñak, 2017: 323). De allí los dilemas que aún develan a los estudiosos acerca de la relación entre Newton, la teología, la alquimia y la astrología (Cowling, 1977; Schaffer, 1987; Dobbs, 2002).

 Fabián Ludueña Romandini

Sin embargo, en la obra literaria de Howard Philip Lovecraft encontramos una de las formulaciones más radicales acerca de las implicancias filosóficas de la nueva ciencia física con que la Modernidad hizo su entrada en escena. Para comenzar, una nueva *Stimmung* declina el ánimo del hombre moderno, como se expresa en *Despair*:

O'er the midnight moorlands crying, / Thro' the cypress forests sighing, / In the night-wind madly flying, / Hellish forms with streaming hair; / In the barren branches creaking, / By the stagnant swamp-pools speaking, / Past the shore-cliffs ever shrieking, / Damn'd demons of despair.

En la medianoche, gimen los pantanos / a través de los bosques de cipreses suspiran / en el viento nocturno vuelan locamente / formas infernales de cabellos como torrentes / En las yertas ramas que crujen / por las ciénagas inmóviles, hablan, / atravesando los acantilados costeros que, siempre, gritan /maldecidos demonios de la desesperanza. (LOVECRAFT, 2009: 64-65).[2]

El espacio sobre el que el hombre debe encontrar su hábitat se halla ahora bajo el imperio de una naturaleza que resulta completamente hostil para su ocupante. En una muestra de impecable neo-gnosticismo político, las fuerzas que yacen ocultas en su seno no pueden ya ser aplacadas sino con rituales –provisoriamente eficaces– que sólo pueden disminuir las potencias de los "demonios de la desesperanza" que están llamados a ejercer el dominio final del mundo natural. Por esta razón cambia la valencia que hasta ahora se le había otorgado a la vida:

Thus the living, lone and sobbing, / In the throes of anguish throbbing, / With the loathsome Furies robbing / Night and noon of peace and rest. / But beyond the groans and grating / Of abhorrent Life, is waiting / Sweet Oblivion, culminating / All the years of fruitless quest.

Así es el vivir, solitario y lloroso, / latiendo en las congojas de la angustia, / con repulsivas Furias robando / las mañanas y noches de la paz y el descanso. / Pero más allá de los gemidos y las discordias / de esta aborrecible vida, aguarda / el dulce olvido, que culmina / con tantos años de infructuosa búsqueda. (LOVECRAFT, 2009: 66-67).

En la nueva cosmovisión, no sólo la vida no tiene ya nada que ofrecer al hombre sino que la muerte aparece en el horizonte como la última y necesaria forma de alivio ante el nuevo escenario de un mundo inhabitable. Sin embargo, si

---

2   *Nota bene*: las traducciones de los poemas de Lovecraft, en muchos casos, han sido modificadas sensiblemente respecto de la edición castellana utilizada, en adherencia al original inglés.

el mundo se ha transformado en forma duradera, la poesía de Lovecraft muestra que, en el origen de este desarraigo, se halla la presencia de los Antiguos habitantes del cosmos que reclaman para sí el sustrato de la vida humana. Ante la amenazante perspectiva, el olvido no sólo es la esperanza del final de un padecer sino también la cifra que sella, como principio, la insustancialidad de toda la historia, las hazañas, los monumentos de lo que, alguna vez, se pudo imaginar como las cimas de una civilización humana conquistadora. Por esta razón el misterio de la vida (humana) coincide con su ausencia de privilegio ontológico sobre un cosmos nuevo, esencialmente inhumano. Así en *Life's Mystery* leemos:

Life! Ah, Life! / What may this fluorescent pageant mean? / Who can the evanescent object glean? / He that is dead is the key of Life / Gone is the symbol, deep is the grave!

¡Vida! ¡Ah, vida! / ¿Qué puede significar este espectáculo esplendente? / ¿Quién puede acopiar este objeto evanescente? / Él, que está muerto, es la clave de la vida / ¡El símbolo se ha ido, profunda es la tumba! (LOVECRAFT, 2009: 56-57).

Desde esta perspectiva, el espectáculo del cosmos, que antes era la casa del hombre, ahora no es más que la for-

ma más perfecta de su tumba. Sin embargo, la nueva situación no es más que la constatación de lo que siempre estuvo aguardando desde el comienzo de los tiempos. No se trata, solamente, de un hombre que descubre su nuevo lugar en el cosmos sino, además, y de allí el estupor, de una repentina toma de conciencia de lo que siempre estuvo allí: la ilusión del universo antropocéntrico sólo fue un sueño de la humanidad sin otro fundamento que su propia fantasía. Bastó que los Modernos agrietaran las esferas y vieran más allá de los espacios del éter para encontrar, aquí en la propia Tierra, la lápida que, desde el comienzo del mundo, estuvo dirigida a la humanidad por sus habitantes legendarios y primordiales.

El abismo que se extiende entre el cosmos antiguo y el nuevo universo post-newtoniano (sabemos cuán erudito era Lovecraft en materias astronómicas) y las consecuencias filosóficas que de esta escisión se desprenden fue tematizada en su poema *Astrophobos*:

In the Midnight heaven's burning / Through the ethereal deeps afar / Once I watch'd with resless yearning / An alluring aureate star; / Ev'ry eve aloft returning / Gleaming nigh the Artic Car. / Mystic waves of beauty blended / With the gorgeous golden rays / Phantasies of bliss descended / In a myrrh'd Elysian haze. / In the lyre-

born chords extended / Harmonies of Lydian lays. / And
(thought) I lies scenes of pleasure, / Where the free and
blessed dwell, / And each moment bears a treasure, /
Freightened with the lotos-spell, / And there floats a liq-
uid measure / From the lute of Israfel.

A la medianoche / cuando el cielo se incendia / a lo lejos,
en etéreos abismos, / una vez contemplé, con anhelo incesante, / una estrella brillante y seductora; / cada ano-
checer, retornaba en lo alto, / refulgiendo cercana en el
carro Ártico. / Místicas ondas de belleza se mezclaban /
con rayos de oro deliciosos, / ensueños de felicidad des-
cendían / desde una bruma Elísea cubierta de mirra. / En
los acordes nacidos de la lira / se proyectaban armonías
de baladas de Lidia / Y (pensé) en escenas placenteras /
donde habitan los libres los bendecidos, / y cada instante aporta un tesoro / llevado con el hechizo del loto / y de
allí fluía un compás / que salía del laúd de Israfel. (Lovecraft, 2009: 110-111).

El poema comienza, como puede verse, con una invocación al antiguo cosmos, ornado espectáculo de la naturaleza
observable para el hombre; la visión se corona, precisamente, con una armonía de las esferas que asegura la unión del
microcosmos con el macrocosmos. En este sentido, el cos-

mos es habitación natural y ordenación rítmica de la vida del
hombre: la sociedad, el pensamiento y las formas de la vida
se adecuan a un Uno que todo lo contiene en una taxonomía
tan precisa como acogedora. La referencia de Lovecraft a
la "*lute of Israfel*" constituye, sin duda, una ambigua alusión
a Poe. Por un lado, ocasión de evocar a su maestro y al gran
poema de 1831 (Poe, 2008: 171) donde el arcángel islámico
Israfel canta apasionadamente al Cielo en concordancia con
la lira humana. Por otro, constituye la adscripción del maestro al antiguo cosmos que, inmediatamente, en el poema de
Lovecraft, aparece desmentido como una ilusión:

Thus I mus'd when o'er the vision / Crept a red delirious
change; / Hope dissolving to derision, / Beauty to distor-
tion strange; / Hymnic chords in weird collision, / Spec-
tral sights in endless range.../ Crimson burn'd the star of
madness / As behind the beams I peer'd; / All was woe
that seem'd but gladness / Ere my gaze with Truth was
sear'd; / Cacodaemons, mir'd with madness, / Through
the fever'd flick'ring leer'd.../ Now I know the fiendish
fable / Then the golden glitter bore; / Now I shun the
spangled sable / That I watch'd and lov'd before; / But the
horror, set and stable, / Haunts my soul for evermore!

Así estaba en mi confusión cuando la visión / se transformó en un delirio rojo; / la esperanza se disolvió en escarnio, / la belleza en fealdad; / acordes de himnos en horripilantes colisiones, / espectrales visiones alineadas sin fin... / Un carmesí de locura incendió la estrella / cuando contemplé con fijeza sus rayos; / todo era dolor, ya no había goce, / y ante mis ojos se reveló la dolorosa verdad; / un pandemonio envuelto en la locura, / con febril revoloteo miró lascivamente... / Ahora, conozco cómo fabula lo endemoniado / en su esplendor dorado; / ahora, huyo de sus tinieblas ornadas, / esas que contemplé y admiré tiempo atrás; / ¡pero ese horror, permanente, constante, / se refugió en mi alma, para siempre! (LOVECRAFT, 2009: 110-113).

Más allá de las ocasionales alusiones debidas a la temprana influencia gótica que, paulatinamente dejarán lugar en la poesía lovecraftiana a un materialismo pleno, podemos ver aquí la completa inversión del cosmos clásico. Donde había un orden perfecto ahora hallamos un incendio de estrellas, donde la eternidad reinaba, el pandemonio toma su lugar y donde la exención de enfermedad y corrupción coronaba el cielo platónico, ahora hallamos la fábula unida al delirio del descubrimiento del verdadero rostro de un universo hostil. Por ello, el hombre del universo post-newtoniano es un hombre habitado por el horror de hallarse ante un espacio que no fue configurado para ser su hábitat sino su silenciosa tumba. Llegados a este punto, los nuevos seres fantásticos de la mitología lovecraftiana son llamados a cumplir la ominosa misión de reclamar su derecho originario sobre una Tierra en la que el hombre sólo habita por ocasión. Escribe Lovecraft en *Nyarlathothep*:

And at the last from inner Egypt came / The strange dark One to whom the fellahs bowed; / Silent and lean and cryptically proud, / And wrapped in fabrics red as sunset flame. / Throngs pressed around, frantic for his commands, / But leaving, could not tell what they had heard; / While through the nations spread the awestruck word / That wild beasts followed him and licked his hands. / Soon from the sea a noxious birth began; / Forgotten lands with weedy spires of gold; / The ground was cleft, and mad auroras rolled / Down on the quaking citadels of man. / Then, crushing what he chanced to mould in play, / The idiot Chaos blew Earth's dust away.

Y vino, al fin, desde el interior de Egipto, / el extraño ser oscuro que veneraban los labriegos. / Silencioso, encorvado, misteriosamente arrogante, / cubierto por una tela roja como la luz del ocaso, / se apretujaban a su alrededor, frenéticos de recibir sus órdenes, / pero cuando él se iba, no podían repetir lo que habían oído; / a través de las naciones, corría la noticia despavorida / de que las bestias salvajes seguían lamiéndose las manos. / Muy pronto, desde el mar, comenzó a surgir algo malsano. Olvidadas tierras con cúpulas de oro cubiertas de maleza. / La tierra se abrió y locas auroras cayeron / sobre las ciudadelas temblorosas de los hombres. / Luego, aplastando lo que él modeló por diversión, / el Caos idiota barrió el polvo de la Tierra. (LOVECRAFT, 2009: 194-195).

El ocaso del cosmos antiguo trae, en el universo lovecraftiano, el despertar de divinidades recónditas de un pretérito tiempo imposible de conjugar por mente humana alguna. Las entrañas de la Tierra, en la mitología lovecraftiana, están habitadas por seres hostiles que, en la Modernidad industrial, se vuelven a la vida para desafiar al hombre y su titanismo civilizacional. Lovecraft había sido testigo y víctima de dicha organización socio-económica (JOSHI, 2001: 364-388). De hecho, su fluctuación desde el conservadurismo político al socialismo no pueden explicarse sin una comprensión cabal del diagnóstico que Lovecraft había trazado sobre los efectos de la Revolución Industrial y del advenimiento de la democracia moderna (JOSHI, 2001: 346-363).

Los logros más encumbrados de la especie humana, entonces, son barridos de la superficie terrestre por criaturas como el temible Nyarlathothep, atraído, en un oscuro ritual, por los hombres mismos que llaman a su propia destrucción. En este sentido, la poesía de Lovecraft es, también una invocación, una teúrgia que convoca a entidades que, espera el poeta, pongan fin a un mundo en el cual la vida se ha tornado imposible. Esta figura poética y divisa política se resume en la figura del Caos que, en *Azathoth*, adquiere contornos sumamente precisos:

Out in the mindless void the daemon bore me, / Past the bright clusters of dimensional space, / Till neither time nor matter stretched before me, / But only Chaos, without form or place. / Here the vast Lord of All in darkness muttered / Things he had dreamed but could not understand, / While near him shapeless bat-things flopped and fluttered / In Idiot vortices that ray-streams fanned.

Al abismo insensato, me condujo el demonio, / más allá de los límites brillantes del espacio dimensional / donde ni tiempo ni materia se extendían ante mí, / solamente el Caos, sin forma ni lugar. / Allí, el vasto Señor del Todo murmuraba, en la oscuridad / cosas que había soñado, pero que no podía entender. / Mientras tanto, en torno a él, aleteaban especies de murciélagos / que revolotea-

ban en vórtices sin sentido, atravesados por la luz. (Lovecraft, 2009: 196-197).

El universo lovecraftiano –heredero de la física post-new-
toniana– es una superación, sin embargo, de las leyes de toda
ciencia. Ciertamente, como ha sido demostrado, Lovecraft
había sido un admirador de la filosofía de Bertrand Russell
(Joshi, 2001: 294). En ese sentido, el universo que se prefigu-
ra en los cuentos imbuidos del materialismo propio del último período lovecraftiano es también profundamente in-humano, es decir, allí no rigen más las grandes polaridades que
habían estructurado el mundo del *ánthropos*: los dioses son
reemplazados por seres biológicamente diversos que habitan el universo desde eones inconmensurablemente anteriores al hombre, las leyes humanas abolidas, las nociones
de bien y de mal carecen de todo fundamento y, finalmente,
el cosmos se revela como el lugar más inhóspito que se pueda concebir para una especie insustancial como la humana.

Desde esta perspectiva, sin embargo, el Caos está incluso
más allá de todo espacio. Ya no se trata meramente de concebir a un Dios infinito más allá del espacio como Compton-
Carleton pero tampoco de adoptar únicamente el punto de
vista de una física que extienda la propiedad de lo infinito a
la materia en su totalidad. Al contrario, la asunción, al unísono, del ocaso de los dioses y de las consecuencias inelucta-
bles de la física de su tiempo, llevaron a Lovecraft más allá
de los límites que la hiper-ciencia había alcanzado para interrogarse, de modo completamente materialista, sobre
el tiempo y la materia en cuanto formas superables sin la
necesariedad de una trascendencia divina.

Ciertamente, estos interrogantes no fueron respondidos
en el lenguaje de la filosofía y, por ello, aún encontramos las
alusiones al Señor del Todo que, evidentemente, sin ser ningún dios, es todavía una entidad más allá de toda biología
conocida. Allí donde surge la pregunta filosófica, Lovecraft,
finalmente, termina obturándola con una metáfora o con
un personaje apto para cerrar el ciclo de la poética buscada. Desde luego, la operación es completamente legítima y
necesaria a la apuesta literaria de la *weird tale* y de la *science
fiction story* combinadas.

De todas maneras, para la filosofía queda una tarea pen-
diente que Lovecraft le ha legado como ningún otro escritor de su género. Es decir, el análisis macroscópico de los
algunos poemas paradigmáticos de Lovecraft nos lleva a
asumir, como tarea filosófica, la consideración de lo que
hemos denominado la "hipótesis hipercosmológica" del
escritor de Providence. Si esta última le brindó un marco

     Fabián Ludueña Romandini

epistemológico para situarse incluso más allá de los límites de la hiper-ciencia de su tiempo pero dentro de un marco de materialismo estricto, una conclusión se impone. La asunción radical del universo de la física moderna implica que la hipótesis hipercosmológica se resuelve en una anulación del concepto mismo de cosmos. La homonimia categorial no designa ya una misma realidad material y la astrofobia es la *Stimmung* que consagra la ruptura.

El hábitat donde se inscribe el ecosistema humano y, *a fortiori*, la bóveda celeste en que la Tierra misma toma su posición no pueden explicarse más por medio de los complejos recursos del cosmos antiguo. La *in-harmonia mundi* se impone como el nuevo signo de los tiempos y acaso constituye el desafío de lo que la filosofía debe pensar si pretende dejar de estar rezagada respecto de los mundos explorados por la ciencia y la literatura.

Por lo tanto, el primer paso de ese recorrido quizá debería consistir en asimilar como insuficiente la crítica que la filosofía del siglo XX ha lanzado sobre el humanismo y, en general, sobre el principio antrópico. Lo que pasó bajo los efectos de una crítica no fue más que la constatación necesaria (pero también elemental) de un estado de situación mucho más radical que aún lejos está de haber sido explorado, esto es, las consecuencias filosóficas de la caída de la noción de cosmos y una consiguiente transformación ineluctable del puesto del ecosistema de la vida en su conjunto dentro del orden de unas esferas que ahora no solamente no están más ante el hombre sino que, además, están llamadas a prescindir de la vida.

Por estas razones, el corolario de esta exploración implica que la noción misma de cosmos debe ser puesta en entredicho en el marco de la disyuntología. Aunque su acervo etimológico es incierto, no hay duda acerca del origen político del término "cosmos" que hacía alusión tanto al orden político como militar para luego ser extrapolado, filosóficamente, a los fines de designar el orden del Universo (HAEBLER, 1967: 101-118). De esta manera, como hemos decidido nominar como hiper-ciencia al final de la *episteme* occidental que coincide con el declive de la metafísica y la emergencia de los Póstumos, del mismo modo, el concepto de "hiper-cosmos" señala que el modelo de universo, metafísicamente considerado como orden (aun con sus significativas variaciones históricas), sufrió una discontinuidad histórico-conceptual irreversible en el mismo período y, hoy en día, si conservamos el término es sólo como apelación a una economía del lenguaje.

No obstante, que una certeza prevalezca sobre lo esencial: el cosmos de la disyuntología no pertenece al dominio del orden sino, al contrario, por efecto de la para-ontología del *diá-ón*, la disyunción hiende todo orden para postular un universo regido por el acosmismo que también denominamos hipótesis del hiper-cosmos. Las consecuencias más inmediatas de esta situación es que todo cuanto el tiempo histórico de *Homo* ha conocido como ciencia, saberes humanísticos o política ha fenecido y sus presupuestos deben ser revisados de cabo a rabo. La herencia de una para-metafísica que pueda estar a la altura del desafío de los Póstumos es, precisamente, la tarea más conspicua de la disyuntología.

De hecho, el horror o la locura que invaden a los personajes de la obra lovecraftiana no son sino el síntoma extremo de los últimos *homines* que no pueden soportar los efectos de asumir las consecuencias de la disyunción en el Ser. Todos los gestos metafísicos de Lovecraft, aún anclado en su filosofía materialista, apuntan a un mismo objetivo: introducir la disyunción en todos los ámbitos posibles y en cada una de las consabidas regiones de la ontología. Así la conciencia se divorcia del cuerpo y el cuerpo de su interior; el yo no deja de ser el Otro que habita mundos remotos y arcaicos; el Otro siempre es otro de algún Otro; el tiempo arcaico

disloca el régimen temporal del presente hasta deshacerlo; el espacio se desdobla llevando hasta el sinsentido a la geometría euclidiana; la identidad de los individuos no es sino el resto arqueológico de una ontogenia milenaria de seres que la pueblan para dividirla desde una interioridad que no es sino la vía regia hacia el *Outside*.

En ese camino, el horror es la *Stimmung* prevaleciente en quienes todavía no podían, bajo ningún aspecto histórico-epocal, asumir la realidad de la disyunción. Este descubrimiento de Lovecraft fue rápidamente obliterado por los Póstumos bajo la forma del nihilismo como forma vivendi. Pero Lovecraft ha escrito para los siglos y los tiempos vendrán cuando ya no se tema a la disyunción originaria del acosmos para dar lugar a un nuevo sacudimiento epocal. Sólo que, para ello, puede que se requiera la paciencia milenaria de las criaturas lovecraftianas que siempre han sabido cultivar la espera larvaria en la latencia del Ser y en los intersticios de sus confines.

    Fabián Ludueña Romandini

Eterno Retorno

[I]   La disyuntología no puede eximirse de un tratamiento del problema del Eterno Retorno que había convencido a Friedrich Nietzsche, en una cúspide metafísica, de haber dado finalmente con el secreto de los griegos. En el Eterno Retorno se pone en juego uno los más destacables intentos de la era metafísica, ya en su ocaso, de hacerse cargo, quizá por última vez en su devenir historial, del problema de la inmortalidad.

La filosofía ha tematizado el Eterno Retorno: la doctrina ha sido formulada de diversas maneras en la historia de la filosofía y las religiones desde Heráclito hasta Averroes (Eliade, 1949). No obstante, podemos admitir que una de sus formulaciones más extremas en relación a su pregnancia respecto de la historia de la metafísica se encuentra en la noción de "Eterno Retorno" formulada por Nietzsche. Una de sus mejores enunciaciones se halla en *La gaya ciencia* donde leemos (en lo que otrora fuese el penúltimo párrafo antes del final del libro en la edición de 1882):

> Qué ocurriría si un día o una noche un demonio (*Dämon*) se deslizara a hurtadillas en tu más solitaria soledad y te dijera: "Esta vida, tal como la vives ahora y tal como la has vivido, la tendrás que vivir una vez más e innumerables veces más; y no habrá nada nuevo en ella, sino que

cada dolor y cada placer y cada pensamiento y suspiro y todo lo indeciblemente pequeño y grande de tu vida tendrá que retornar a ti y todo en la misma serie y en la misma sucesión –e igualmente esta araña y este claro de luna entre los árboles, e igualmente este instante y yo mismo. El eterno reloj de la arena de la existencia (*die ewige Sanduhr des Daseins*) será girado siempre de nuevo– y tú con él, mota de polvo del polvo" [...] ¿Cómo tendrías que quererte a ti y a la vida para no pretender nada más que esta confirmación última, que este último sello? (Nietzsche, 1973: 341).

La conclusión del aforismo puede ser colocada en paralelo con la reformulación nietzscheana de la doctrina clásica del amor del destino traducida en una reinterpretación del cogito cartesiano: "aún vivo (*lebe*), aún pienso (*denke*): tengo que vivir aún, porque aún tengo que pensar. *Sum, ergo cogito: cogito, ergo sum* [...] *Amor fati*: ¡sea éste desde ahora mi amor!" (Nietzsche, 1973: 276).

Aunque las interpretaciones suelen discernir en el Eterno Retorno una doctrina fundamentalmente ética y, no sin razón, un artefacto polémico contra la filosofía de la historia hegeliana (Löwith, 1995: 198), ya la titánica exégesis de Karl Jaspers había propuesto considerar al concepto bajo una óptica multifocal que dé cuenta de los aspectos físico, metafísico y existencial de la concepción (Jaspers, 1981: 346-366).

Con todo, será Martin Heidegger quien colocará, de modo decisivo, a la noción de Eterno Retorno como principio fundamental de la metafísica nietzscheana si bien como elemento subsidiario de la "voluntad de poder" (Heidegger, 2008) y, por lo tanto, produciendo una evacuación de las connotaciones cosmológicas de la apuesta. Del mismo modo, en una obra fulgurante, Pierre Klossowski intentó reconducir la interpretación del "Eterno Retorno" como una forma de multiplicación de las individualidades a los fines de un desmontaje de la noción de identidad (Klossoswski, 1969: 145-148). Este subjetivismo radical era un eco, indudable, de la exégesis epocal deleuziana que había situado al Eterno Retorno como "la reproducción del devenir y también la producción de un devenir activo: el superhombre, el hijo de Dionisio y de Ariadna" (Deleuze, 1962: 217-222).

El problema, tan caro a Deleuze, de si existe una repetición plena o, al contrario, un diferencial en cada repetición que hace imposible un verdadero retorno de lo Mismo no es en absoluto una aportación de la filosofía del siglo XX. De hecho, la problemática se enuncia ya con toda claridad en Crisipo (Von Arnim, 1964: (626) 190). Esta vía exegética, tan

 Fabián Ludueña Romandini

importante como es en su énfasis sobre el carácter afirmativo del Eterno Retorno, deja en la penumbra los aspectos de negatividad presentes en el concepto y que hacen de la interpretación deleuziana una forma de "progreso infinito", perspectiva rechazada por Nietzsche.

Sin embargo, el "filólogo-centauro" (SLOTERDJIK, 1986: 32) tenía algo más en mente. La alusión que, en los fragmentos póstumos, podemos encontrar respecto del "*annulos aeternitatis* (anillo de la eternidad)" evoca la importancia del estoicismo en la elaboración cosmológica de la doctrina del Eterno Retorno de Nietzsche (HAHM, 1977; RIST, 1969; SORABJI, 1983; BRÉHIER, 1910; GOMPERZ, 1928: I, 175). Podemos leer una de sus más conspicuas enunciaciones en Marco Aurelio:

Acuérdate, pues, siempre de estas dos cosas: la primera, que todo (*pánta*), desde la eternidad (*ek aidíou*), es uniforme (*homoeidê*) y gira en círculo (*anakukloúmena*), por lo que no hay ninguna diferencia entre asistir al mismo espectáculo por cien o doscientos años o por un tiempo infinito; y la segunda, que el hombre más harto de años y el que muere en seguida pierden lo mismo, porque es del presente sólo de lo que son privados, por ser lo único que poseen y no se pierde lo que no se posee. (MARCO AURELIO, *Pensamientos*, II, 14).

Como puede verse, Nietzsche hereda de la tradición estoica una apuesta ética que se desprende de la metafísica del "Gran Año", del eterno retorno de lo mismo. Es una forma de maximalismo ético que se sostiene en lo que nosotros hemos denominado la "hipótesis hiper-cosmológica". Es decir, el único parámetro ético aceptable es aquel que presupone que todos los eventos del cosmos habrán de repetirse en una especie de aplastante reiteración *ad infinitum* en cada uno de sus detalles (incluida la libre decisión de aceptar la repetición). Ciertamente, no se trata de una forma de determinismo radical porque, en el universo que recomienza una y otra vez, el sujeto elige, a pesar de todo, la orientación de sus actos, el vector con el cual ha de vivir en el ciclo sempiterno de los retornos.

Por lo tanto, la vida ética que debe abrazarse es aquella que, escudriñada en cada uno de sus detalles, asume para sí una forma-de-vida tan inobjetable y plena que, *in extremis*, un sujeto estuviera dispuesto a aceptar su reiteración como un ciclo inexorable, implacable y destinado a abrazar eternamente la propia forma vital en su intensidad más palpitante y acabada.

Nietzsche no deja de intuir que sólo un demonio podría proponer al hombre semejante apuesta existencial que hace que, curiosamente, el imperativo categórico kantiano parezca un ejercicio para principiantes en la ética. Finalmente, Kant detenía su obsesión sobre los actos y, desde este punto de vista, el objeto de su ética era minimalista. Nietzsche, en cambio, amplía la apuesta hasta elevarla a la escala del cosmos en su totalidad. Su antropismo, si se quiere, es propio de una era titánica que ya se avecina con su ley masiva: para que la praxis ética del hombre pueda estar justificada y la vida pueda asumirse sin resto, entonces, todo el cosmos y, más aun, la magnitud del tiempo universal que hace posible su Eterno Retorno, deben ser la nueva escuadra que trace los contornos de un espacio total donde el cosmos se pone al servicio del lugar que *Homo* debe hallar en él para justificarse a sí mismo como viviente ético.

Desde este punto de vista, la apuesta nietzscheana representa el ápice del pensamiento especulativo occidental como demonología metafísica en tanto y en cuento su ambición alcanza la desmesura máxima del principio antrópico: todo el cosmos, todas las infinitas repeticiones de lo mismo y lo otro, todo cuanto existe y existirá tiene por función despertar en *Homo* su conciencia de ser excepcional en un mundo que pueda ser amado perpetuamente como tal y erigido en el parámetro que otorgue el sentido total y absoluto, esto

es, terminado, superado y eterno, a la existencia del viviente humano. Sin embargo, la duración de la vida para Nietzsche no se circunscribe únicamente a la existencia individual sino que también es concebida a escala de la propia especie.

Ya Georg Brandes (BRANDES, 1909), de manera decisiva, había tempranamente acertado en pensar que Nietzsche había tenido el coraje de explorar las consecuencias de las ideas de Charles Darwin hasta el final: la teoría biológica de la evolución implicaba un correlato metafísico: *Homo* como tal estaba destinado a ser superado en el *Übermensch*, el cual, estaríamos tentados de decir, sería el único verdaderamente capaz de asumir la tarea demoníaca de la ética del Eterno Retorno. La ética de Nietzsche es inhumana porque no está, en el fondo, realmente pensada para *Homo* sino que es el manual para los post-humanos que avizora en el horizonte: sólo los últimos *homines* saben que están realizando el trabajo de parto que traerá a la luz a los discípulos de Zaratustra, a los sectarios del Eterno Retorno, a los centauros de la ética cósmica.

Por consiguiente, la piedra angular de la ética nietzscheana es inconcebible sin la comprensión de las implicaciones de su metafísica del Eterno Retorno (como, muchas veces, sus intérpretes insisten en dejar de lado) y,

 Fabián Ludueña Romandini

por otra parte, vehiculiza una ambición transformada en exhortación: rebasar los límites de *Homo* y conducirlo hacia su post-historia. Es legítimo entonces preguntarse: si la ética cósmica tiene antecedentes que el propio Nietzsche ha encontrado en el mundo antiguo, ¿la antropotecnia nietzscheana no es quizá la forma más lograda de lo que, simplemente, se conoce como tradición filosófica?

[II]   El pensamiento contemporáneo ha colocado un énfasis particular en develar la importancia de la "animalidad" constitutiva de lo humano adoptando las formas de un criticismo genealógico o deconstruccionista llamado a devolver al *Homo sapiens* a su sustrato compartido con el resto de sus congéneres animales. El gesto es del máximo valor pero podría hacernos creer que la filosofía habría tenido que esperar al cenit de su ocaso metafísico para tomar consciencia de ser una sofisticada herramienta de zootecnia. Así, en un ejemplo eminente entre tantos, Jacques Derrida, puede dedicarse a la deconstrucción crítica de la "licantropía" y las implicaciones del hombre-lobo como concepto del "fuera de la ley" en la historia de la soberanía política del Occidente moderno (Derrida, 2008: 141-187).

Sin embargo, los relatos concernientes a los "hombres-lobo" (y otras variantes vecinas como, por ejemplo, los centauros) son bien conocidos por los mitógrafos, folcloristas y antropólogos del mundo antiguo (Dumézil, 1929). Baste recordar, a modo de ejemplo, un antecedente evocado por Heródoto:

> Es posible que los neuros sean magos, pues dicen los escitas y los griegos establecidos en la Escitia, que todo neuro una vez al año se convierte en lobo (*lykos gínetai*) por pocos días, y vuelve de nuevo a su primera figura. (Heródoto, *Historiae*, IV, 105, 2).

La alusión a un ritual de orígenes pre-históricos en territorio griego es fecunda aun con todas las cautelas filológicas del caso (Mannhardt, 1860; Farnell, 1907: 113-125), pero la antigüedad que el folclore revela no es necesaria para medir la importancia de la presencia del hombre-lobo en la historia de la filosofía. De hecho, en el primer volumen de este políptico, hemos sugerido la importancia constitutiva del rito jurídico de la exposición como una de las figuras primordiales del poder político en Occidente en tanto zoo-política originaria. En este punto, series mitológicas como la correspondiente a Mileto, fundador de la ciudad epónima del Asia Menor, expuesto por su madre y alimentado por los lobos, no hacen sino reforzar nuestra hipótesis acerca del lazo constitutivo entre la exposición como forma del poder político y el carácter animal, especialmente vinculado al mundo de los lobos, que recorta la silueta del soberano (Nono de Panópolis, *Dionysiaca*, XIII, 546 y ss; Apolodoro, *Biblioteca*, III, 1, 2).

La soberanía, en sus formaciones mitológicas más arcaicas, estructurantes y eficaces, asume su carácter de poder político en la extrema vecindad que existe entre la figura de la exposición y el mundo de los lobos que nutren al futuro soberano. De este modo, en los ritos más antiguos, el hombre lobo no será —como para los Modernos analizados por Derrida y otros— la figura suprema del excluido político sino, al contrario, la forma *par excellence* de asunción de los caracteres animales propios de toda soberanía. La compleja dialéctica que asume el hombre-lobo en la historia política de Occidente comienza como una forma de vecindad e indistinción entre poder político y animalidad. Por esta razón toda política es constitutivamente también una demonomanía del lobo como soberano que hace que el poder no sea sino el ejercicio de una fuerza zootécnica.

Este propósito resulta de particular importancia si tomamos en consideración el hecho de que precisamente el Liceo, la escuela filosófica de Aristóteles, se construyó de forma adyacente al templo de Apolo *Lykeios* del cual deriva su nombre, es decir, de Apolo como dios-lobo en lo que, sin lugar a duda, es una de las manifestaciones más antiguas e inquietantes del dios solar (Lynch, 1972: 9-12). Esta vecindad arquitectónico-cultual, querríamos hipotetizar, tiene las máximas consecuencias metafísicas. Tempranamente, el *lógos* filosófico toma como asiento y *locus* específico de enunciación aquel sitio destinado a la adoración del lobo y, más precisamente, del misterio del pasaje del hombre al lobo y viceversa.

En este sentido, la filosofía se erige, secretamente, como una licantropía del Ser y toda ética es una forma extrema de antropotecnología destinada a producir la metamorfosis del lobo (como emblema supremo de la animalidad) en *Homo*. Lejos de cualquier exclusión originaria de lo animal, la filosofía es la ciencia suprema de los filósofos centauros, de los hombres-lobo, de todos los híbridos que pueblan las taxonomías políticas de Occidente.

La pregunta se impone: ¿por qué la filosofía del siglo XXI parece oponerse con tanta obstinación a otorgarle ciudadanía filosófica legítima a vampiros, zombis y tantas otras criaturas que pueblan el mundo atmosférico de la cultura contemporánea? Si atendemos a los orígenes del filosofar, en realidad, no podrían haber objetos más propicios para una metafísica que sea consciente de su capacidad operativa como motor antropo-tecnológico (pero no necesariamente antrópico) del pensar. Esta posibilidad es ampliamente explorada en el mundo actual por todas las técnicas creativas exceptuando la filosofía (salvo honrosas excepciones, ciertamente). Un ejemplo temprano en la literatura del siglo XX es *El lobo estepario* de Hermann Hesse, que vehiculiza el problema ancestral de la licantropía filosófico-psíquica gracias a las mediaciones del gnosticismo antiguo cuyas fuentes resultaron conocidas para Hesse gracias a su análisis con J. B. Lang, un discípulo directo de Carl Gustav Jung (QUISPEL, 1978: 492-507).

Por lo tanto, más allá de cualquier necesaria deconstrucción, la filosofía debe asumir el carácter eminentemente in-humano de su ejercicio pues, desde sus inicios, su objetivo ha sido la constitución de un mundo humano a partir del conocimiento de su inestabilidad originaria, de su parentesco secreto con las sociedades de adoradores de animales salvajes. El proyecto nietzscheano del *Übermensch*, en el última

instancia, no es sino el último sueño filosófico de envergadura que ha pretendido transformar, nuevamente, al *Homo sapiens* en una especie post-humana cuando, en realidad, la filosofía ha estado persiguiendo ese desiderátum desde el momento fundacional mismo en el que el filósofo se constituyó sobre el ex-tasis de su condición licantrópica originaria. No obstante, ha sido precisamente el fracaso de dicha tentativa lo que ha conducido, en cambio, a la emergencia imbatible de los Póstumos y su nihilismo radical.

[III] Con todo, en Nietzsche la apuesta ética y la audacia centáurica se sostienen en una concepción metafísica del Eterno Retorno de la cual el *amor fati* es una conclusión lógica, pero de ningún modo una premisa. Las condiciones del Eterno Retorno como doctrina metafísica cuasi-esotérica del pensamiento nietzscheano se enuncian con toda fuerza en un fragmento póstumo de la primavera del año 1888 que polemiza con el mecanicismo y la física de su tiempo (SMALL, 1990: 229-250; SPIEKERMANN, 1992; D'IORIO, 1995).

Sólo si pretendiera cometer el error —y tomaré las precauciones de no hacerlo— de equiparar ese concepto correcto de un *regressus in infinitum* con el concepto en absoluto aplicable de un *progressus* infinito [...]. Si es lícito que el mundo sea pensado como una determinada cantidad de fuerza y como un determinado número de centros y de fuerza (*als bestimmte Zahl von Kraftcentren*) —y toda otra representación (*Vorstellung*) sigue siendo indeterminada, y en consecuencia, inutilizable— de ello se sigue que ha de recorrer un número calculable de combinaciones, en el gran juego de dados de su existencia. En un tiempo infinito toda posible combinación se habría alcanzado una vez, en algún momento; más aun, se habría alcanzado infinitas veces. Y puesto que entre cada combinación y su próximo "retorno" han de haber pasado todas las combinaciones incluso posibles en absoluto, y cada una de estas combinaciones determina la sucesión entera de combinaciones en la misma serie, con ello estaría demostrado un ciclo de series absolutamente idénticas: el mundo como ciclo que ya se ha repetido infinitamente muchas veces y que juega su juego (*Spiel*) *ad infinitum*. (Nietzsche, 1967: 14 [188[(1888), 3-5).

Aquí se puede apreciar el razonamiento propuesto por Nietzsche: en un universo de materia finita y de un tiempo infinito, el Eterno Retorno como combinación de mundos posibles existentes en sucesión es un teorema inevitable. Por su parte, la física contemporánea ha tendido a ver la materia no necesariamente como infinita sino más bien como ilimitada y, por lo tanto, carente de singularidades en el "tiempo imaginario". De hecho, las variaciones respecto de la existencia (o confutación de la existencia) de las singularidades ha sido uno de los puntos centrales del debate astrofísico contemporáneo (Hawking – Ellis, 1968: 25-36; Hawking – Penrose, 1970: 529-548; Hartle – Hawking, 1983: 2960-2975).

No obstante, algunos astrofísicos contemporáneos sostienen la posibilidad no ya del Eterno Retorno de lo Mismo sino del infinito retorno de ciclos de universos en series sucesivas (Penrose, 2009: 223-242). Una fecunda teoría que, a pesar de sus virtudes, parte de presupuestos, se expresa en modalidades y finalmente arriba a conclusiones muy dispares a las propuestas por la disyuntología de la pluralidad de los mundos.

Como puede verse, si bien es posible sustentar una hipótesis sobre un infinito recomienzo del Universo, el teorema de un retorno del mismo Universo —como sugiere Nietzsche— queda invalidada si se altera la premisa de una cantidad de materia finita. Es decir, si el concepto de infinito (no ya de ilimitado) se aplica no sólo al tiempo sino a la materia misma la consecuencia es la refutación del Eterno

   Fabián Ludueña Romandini

Retorno de lo Mismo pero, ciertamente, el retorno en cuanto categoría física. En cambio, lo que aquí nos interesa es el espesor metafísico del concepto que puede seguir siendo sostenido sobre nuevas bases (pues la ontología no está, de ningún modo, llamada a convertirse en una nueva *ancilla astrophysicae*).

De hecho, la noción de infinito posterior al decisivo descubrimiento de su matematización (a partir de los números transfinitos de Georg Cantor) ha seguido el camino inverso al que había llevado el cálculo infinitesimal del siglo XVII. Es decir, en lugar de admitir la noción de infinito aplicada a la física (camino que habían transitado Newton o Leibniz), el despliegue de la matemática post-cantoriana ha tendido a disociar el infinito matemático de una relación directa con el mundo físico y, por lo tanto, a constituirlo como un concepto de razón (en el sentido kantiano) que no posee ningún correlato necesario con la experiencia (HILBERT, 1926: 161-190). Por cierto, algunos físicos han seguido un camino menos unilateral tendiendo puentes posibles para pensar un vínculo más sustantivo (y no meramente correlativo en términos de una deixis lógica desprovista de contenido empírico real) entre la realidad matemática y la física (GEROCH – HARTLE, 1986: 533-550).

En cualquier caso, el Eterno Retorno puede ser visto como una región posible dentro de lo que nos gustaría denominar el *campo transcendental de la iteración* como forma prototípica del devenir de la metafísica. Ciertamente Occidente nunca ha querido pensar únicamente la forma del retorno como repetición de lo Mismo. Al contrario, desde el comienzo del camino especulativo, la filosofía ha pensado tanto la sinonimia metafísica (la multiplicidad que remite al Uno originario) como la homonimia metafísica (la identidad que alberga una diferencia inmanente). Por ello mismo, todas las variantes, desde la mismidad absoluta hasta la afirmación diferencial, son formas de una misma clase que es la iteración como manifestación preferencial del Ser como devenir.

Dentro de esta estela, el lenguaje ha sido, probablemente, un prototipo del retorno de lo mismo como absoluto así como del regreso de lo Otro como diferencial. La propia genealogía nietzscheana y sus derivas contemporáneas no serían posibles, finalmente, sin la posibilidad de una iteración de series discursivas históricas desplazadas y la deconstrucción es también una gramatología de la iteración del signo como archi-huella que retorna. De allí que otras variantes de la temporalidad del retorno cubran el espacio de las más diversas experiencias del hombre: desde el *Nachleben* de las imágenes hasta el "retorno de lo reprimido en el síntoma" pasando por el "tiempo recobrado" de la biografía interior, la obsesión por el retorno ha retenido la atención de los filósofos, los literatos, los artistas, en una duración secular.

En este punto, la filosofía continúa tejiendo lazos de solidaridad con la teología cristiana que es una de las formas más osadas de pensamiento del cuerpo como iteración diferencial de la vida. El problema aquí no es tanto que la ontogenia (principio individualizante) repita la filogenia (principio de masividad ontológico) cuanto la ambición de que toda la filogenia como historia de la especie sea, en cierto sentido, la reduplicación ilimitada del cuerpo Adánico originario (BÖHLIG, 2015: 90-106; TAUBES, 2010: 84-93) y de allí que se torne posible una concepción que habría de sacudir los cimientos del mundo antiguo: el Retorno de un *unicum*, del cuerpo del Mesías que abre el camino al fin de los tiempos (es decir, a la interrupción de matriz repetitiva diferencial) para instalar la Eternidad como concreción de la identidad absoluta de todos los cuerpos resucitados que repiten, por última vez pero por siempre jamás, la Mismidad como atributo de la perfección incorporada. En efecto, hubo quie-

nes han visto esta perspectiva no sin temor hasta el punto de querer hacer de la dilación del retorno de lo Mismo una política de la disposición estatal de los cuerpos mediante la doctrina cuasi-esotérica del *katéchon* (SCHMITT, 1988).

Por otra parte, las formas más sofisticadas de la metafísica contemporánea no hacen sino volver sobre la posibilidad de eliminar el duelo perpetuo de la humanidad que habita en el sufrimiento de sus muertos y en el retorno de una memoria que lucha por no perderse en el tiempo del no-retorno: podemos reconocer aquí el programa del realismo especulativo en la vertiente de la inexistencia divina (MEILLASSOUX, 2006: 105-115).

Llegados a este punto la teología como absolutización de la necesidad produce el mismo resultado que la absolutización de la contingencia: una divinología antrópica destinada a restituir los cuerpos de todos los muertos en nombre del Dios ya existente o por venir, como consecuencia de las leyes omnipresentes de la Providencia (incluidas sus variantes transhumanistas secularizadas) o como resultado de un Hiper-Caos que disloca el principio de razón suficiente y deshace la confianza en la continuidad de las leyes físicas.

¿Quién podría negar, entonces, la importancia y la necesidad de la investigación filosófica de las formas del retorno

   Fabián Ludueña Romandini

y, entre ellas, la del Eterno Retorno como prototipo extremo de dicha posibilidad? Sin embargo, admitido esto, es legítimo preguntarse por el umbral que establece las condiciones trascendentales de la metafísica occidental como formación iterativa. De hecho, el Eterno Retorno del que Nietzsche se hace eco en la voz milenaria de la ontología no hace sino rebatir la finitud o la infinitud sobre el ser como materialidad.

Admitido este postulado, la duplicación idealista de esos conceptos como correlatos matemáticos con función de deixis pero no necesariamente sustantivamente existentes forma parte del mismo entramado de pensamiento: la afirmación o la negación del Eterno Retorno se ha realizado siempre sobre alguna forma de coincidencia o correlación entre el ser material y el ser del pensar. Desde la perspectiva que querríamos sugerir aquí, el materialismo y el idealismo (esencialista o constructivista) no son sino dos elementos de un mismo dispositivo: el despliegue de la metafísica bajo la forma de la iteración trascendental (de la cual el término *physis* conserva la memoria del primer nombre que la filosofía le ha otorgado a esta cualidad estructurante).

Por lo tanto, la disyuntología plantea los siguientes desafíos de la cara a la emergencia de una auténtica para-metafísica:

a) Es posible y necesario ir más allá del punto alcanzado por la metafísica en su desarrollo histórico y llegar a situar la emergencia de una para-metafísica del *Outside* entendida como suspensión o ruptura de la iteración como trascendental ontológico. La categoría de "extinción *absoluta*", es decir, una extinción que no debe ser pensada como el retorno contingente y periódico de la estructura catastrófica de la iteración de la Vida, conlleva esa apuesta.

b) ¿Es concebible abrazar otra ética que no sea aquella propuesta por el demonio que le acercó a Nietzsche la intuición del Eterno Retorno? Que nos esté permitido escuchar, entonces, las palabras de otro demonio que proponga la ética de un mundo que no se reiterará jamás, la de un cosmos hostil al hombre que no consentirá siquiera la intensidad armónica del bello momento sino la pesadilla de cada instante. En otras palabras, ¿existe una ética posible para el espacio del horror (LUDUEÑA ROMANDINI, 2013) donde la posibilidad del retorno nos sea sustraída? La ética iterativa pudo justificarse, en su más alta cima, *more geometrico*. Es razonable dudar de que lo mismo pueda decirse de la ética del horror.

c) La "extinción absoluta" como categoría post-metafísica no debe, no obstante, ser óbice para una especulación sobre la inmortalidad como problema filosófico. Si la hipótesis de la extinción absoluta es un dispositivo heurístico destinado a confrontar el principio antrópico, la inmortalidad para-ontológica es una forma de cosmología de una pluralidad de mundos posibles donde la Vida no sólo se desmultiplica siempre más allá del principio de iteración sino que, además, admite pensarse como un más allá de toda Vida y toda Muerte. En otros términos, la inmortalidad debería ser capaz de expandir la reflexión filosófica más allá de los límites del par vida-muerte como binomio metafísico para encontrar la geografía, aún inexplorada, de los mundos que no se definen a partir de la Vida y su negativo ontológico, e ilusorio, de la Muerte.

Estas preguntas son los cimientos de la metafísica del *Outside* que intenta adentrarse por los senderos que se dibujan en las regiones exteriores al campo demarcado por la voluntad iterativa propia de la ontología que Occidente ha cultivado y cultiva con esmero hasta nuestros días. Sin embargo, una tarea semejante puede parecer inhumana. Seguramente lo sea como toda tarea propia de la filosofía y, por ello, en este sentido, la exploración de lo que está más allá del horizonte de la trascendentalidad iterativa requiere, efectivamente, de un retorno. En este caso, del espíritu li-

cántropo con el que la filosofía comenzó sus especulaciones sobre el mundo y dio impulso a sus Escuelas. Por cierto, en este caso también, se trata de un retorno diferencial pues los antiguos filósofos-lobos o filósofos-centauros ya no pueden alzar su voz en el mundo de los Póstumos. Por ello es necesario una licantropía filosófica de un nuevo tipo. Quizá un nombre cifre la *Stimmung* que preside al filósofo-lobo de nuestra época: Pétrus Borel.

Psyché

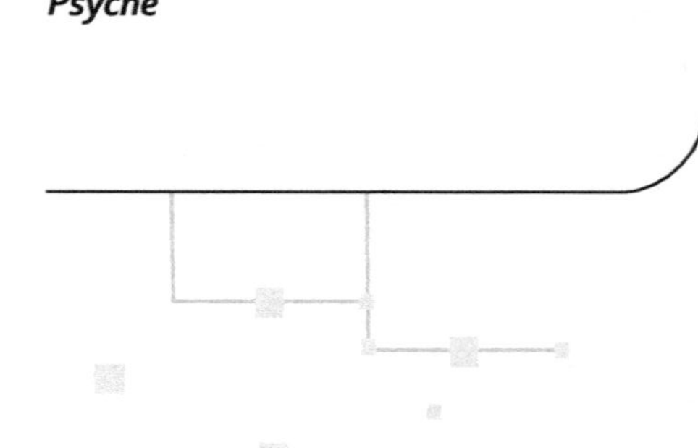

[I]   En este mundo tajeado sobre el que ha caído una noche abrasadora de niebla, debemos pensar acerca del destino actual de Occidente que se ha encaminado hacia un seguro hundimiento. Resulta imprescindible vislumbrar no ya al *bíos* ni a la *zoé* sino a la *psyché* como el nombre, si no más antiguo, al menos el conceptualmente más abarcativo (puesto que de ningún modo unitario) de la vida, seguramente anterior a las articulaciones más tardías de Aristóteles en su *Política*. Sostenemos que, a pesar de algunos estudiosos, no resulta inadecuado traducir el término *pysché* con un sentido primigenio de "vida" que luego iría restringiendo su significación hacia el de alma individual, puesto que no está ausente de las fuentes más antiguas el hecho de que los muertos puedan ser representados a partir de sus cuerpos errantes o bien transferidos a las formas de serpientes (creencia cuya raigambre remonta al Neolítico) y también figurados como un *eidolôn* o imagen. De esta forma, la *psyché* como "vida" es vida viviente y post-vida, vida-en-cuerpo y plus de cuerpo, fuerza metamórfica trans-humana que se difumina en el mundo de la animalidad y en el chamanismo de los sueños. En suma, la *pysché* produce, por su sola presencia, una hiper-corporalidad donde cuerpo interno y externalidad, vida y muerte se desagregan como efecto de un continuum de lo existente. En este sentido, no debemos olvidar tampoco que, en los períodos arcaicos, como ha sido justamente señalado, "la vida es un aspecto del ser (*life is an aspect of being*)" (ELIADE, 1959: 99).

[II] En efecto, una de las cumbres de la filología del siglo XIX ya había establecido que el ser humano era concebido, en los arcaicos tiempos homéricos, como un compuesto hecho del cuerpo (*der Leib*) y de las fuerzas vitales (*Lebenkräfte*) en un todo indisociable al menos hasta la muerte, momento en que la *psyché* como imagen invisible (*unsichtbabern Abbild*) cobra una existencia independiente (ROHDE, 1903: 5). La filología posterior ha querido ver, sin embargo, un proceso más lento de constitución de esa unidad psico-física, puesto que, tal vez, habría que observar en Homero una escisión entre vida animal (*pysché*) y alma-espíritu (*thumós*). De hecho, en Homero no está tampoco ausente la distinción entre vida animal y vida calificada, como en la expresión "*zóeis d'agathòn bíon*" (HOMERO, *Odisea*, XV, 491), aun cuando la *zoè* puede aplicarse, asimismo, a la vida apacible de los dioses.

La victoria del término *pysché* como vocabulario integral de la vida y el relegamiento de la noción de *thumós* al ámbito de la "bravura" (cuando antes estaba asociado al alma) sería más bien un proceso histórico que sobrepasa los tiempos homéricos (JAEGER, 1947: 83). Aun así, ya sea que el sentido fuera originario o, más probablemente, el resultado de una constitución más tardía, la *psyché* de los griegos terminaría siendo el nombre del Ser que designaría la vida en sus facetas indivisibles de un cuerpo y de un plus de cuerpo ilocalizable. Asimismo, comporta una máxima relevancia el carácter cósmico que la *psyché* revestía para los griegos como bien testimonian los fragmentos heraclíteos (cf. por ejemplo, las implicancias del fr. 36), en los cuales es posible comprender a la *pysché* como un fuego cósmico y, por lo tanto, como una materialidad que excede los límites del propio *sóma* y "existe fuera de los cuerpos" (KIRK, 1975: 341). En este sentido, la propia *psyché* es un excedente (y no un resto) de todo cuerpo y se asimila con el Todo otorgándole a la vida un sentido eminentemente cosmológico.

[III] Émile Benveniste, en un artículo que constituye hoy en día una auténtica rareza bibliográfica, califica el significado de *pysché* como vida a partir de su dependencia inicial respecto del "soplido" o "hálito vital", al tiempo que sostiene que en Homero prevalece la acepción de "un alma como principio animado, pero débilmente animado, autónomo pero dotado de una existencia apenas algo más que virtual" (Benveniste, 1932: 165). En este sentido, detecta aquí Benveniste una prevalencia indoeuropea por sobre la herencia creto-micénica donde la *pysché* liberada por la muerte, será figurada, entre otras posibilidades, como una mariposa o un fantasma inmaterial que conduce "una existencia larvaria en las regiones subterráneas" (Benveniste, 1932: 166).

En Píndaro, ciertamente, es posible encontrar la significación de *psychá* como vida (Slater, 1969, v. *pyschá*), tal y como ocurre, por ejemplo, en la tercer Pítica: "perder la vida (*pyschán*) por el arco en la guerra (*polémoi*)" (Píndaro, I: III, 101) aun si también es posible hallar, gracias a influencias posteriores donde no deben descartarse trazos órficos (Lloyd-Jones, 1985: 245-279) una concepción de la *psyché* como alma inmortal como bien lo señala Platón cuando nos recuerda que, para Píndaro, "el alma (*psyché*) es inmortal (*athánaton*)" (Platón, *Menón*, 81b).

[IV] Toda noción de lo político deriva, en consecuencia, de la *psyché* en su encarnadura corporal. En este aspecto, resulta imperativo considerar un pasaje aristotélico que ha marcado de manera durable todo el camino de la metafísica occidental:

Los sonidos emitidos por la voz (*phoné*) son símbolos de las pasiones del alma (*pathêmata tês psychês*) y las palabras escritas (*ta graphómena*) lo son de las palabras emitidas por la voz (*tà en tê phonê*). Y del mismo modo que la escritura no es la misma para todos los hombres, tampoco las expresiones vocales son las mismas. Sin embargo, las pasiones del alma de las cuales estas expresiones son los signos inmediatos resultan idénticas para todos como también sucede con las cosas de las cuales estas pasiones son semejanzas (*homoiómata*). (Aristóteles, *De interpretatione*, 1, 16ª 2-9).

Sobre este texto, Jacques Derrida ha oportunamente señalado que "las afecciones del alma" puede Aristóteles omitirlas del análisis por efecto de "transparencia" (Derrida, 1967: 22). Es un modo de expresar, para Derrida, que el alma no es una sustancia sino un efecto logológico o bien un presupuesto logo-transcendental y, por ello mismo, sin valor ontológico. De esta forma, el "logocentrismo" (que es también "fonocentrismo") es "solidario con la determinación del ser del ente como presencia" (Derrida, 1967: 23).

Tanto la deconstrucción derrideana, centrada alrededor del *grámma*, como la arqueología filosófica de Agamben que coloca, en cambio, a la Voz como fundamento negativo (Agamben, 1982: 54) son ambas solidarias de la metafísica a la que pretenden criticar pero que, inversamente, ha marcado en forma perdurable sus exégesis. Al apoyarse sobre la *phoné* o el *grámma*, las dos filosofías toman su impulso mediante la obliteración de la *psyché* como entidad existente. En otras palabras, la *psyché* sólo deviene aceptable por medio de una especie de denegación cripto-fundante o bien como una espectralidad propia del lenguaje.

Llegados a este punto, resulta fundamental desplazarnos más allá de Aristóteles e interpretar su texto en la dirección de una para-metafísica y no de una deconstrucción. De este modo, podríamos establecer una serie axiomática como sigue:

1) Si la *phoné* simboliza a la *psyché* y a su vez la voz es simbolizada por la letra, debemos postular que en el acto de simbolizar se abre un abismo constitutivo entre ellas. La triplicidad "*psyché*-letra-voz" da cuenta de una relación disyuntiva entre sus elementos que, en el fondo, es la auténtica causa de la arbitrariedad de cualquier signo lingüístico.

2) La voz y la letra pueden hendir la *pysché* y dividirla por un efecto de retroacción no contemplable en el marco de la metafísica aristotélica. La "eficacia" del signo consiste precisamente en la capacidad de la voz y la letra para atravesar el abismo y producir un salto de sutura de la disyunción originaria para lograr así anudarse en la *psyché*. La *psyché* no está estructurada como un lenguaje sino, al contrario, dividida por la letra para que "haga forma" según estructuras disyuntas.

3) No hay *psyché* que no sea cuerpo o, mejor dicho, que no haya hecho del cuerpo su síntoma. De allí que el camino es inverso al esperado por la tradición filosófica: la voz y la letra no salen del cuerpo sino que entran a éste desde fuera y fabrican al sujeto como un efecto de superficie inscripto en el *sóma*.

4) Los axiomas precedentes implican que la *psyché* no es ni una transparencia ni un fundamento negativo sino una realidad para-ontológica disyunta. Salvo que la letra-voz otorga agencia a un deseo que hiende al cuerpo y, en el mismo acto, no hace sino abrirlo hacia un *Outside*. Las voces que hablan y los lenguajes que se escriben pertenecen a la dimensión que los antiguos estimaban propia de los démones, es decir, de un estrato extra-humano.

   Fabián Ludueña Romandini

5) Es necesario cambiar radicalmente, entonces, el modo que Occidente ha asumido para pensar la política desde Aristóteles. Si el *lógos* no es lo esencial del animal político, esto se debe a que el lenguaje es una exterioridad alguna vez denominada *tò daimónion*. Por consiguiente, toda política está siempre en ex-tasis de lo humano que, en cuanto tal, no tiene lugar sino como efecto *après-coup*.

6) En la misma dirección, cuanto se agrupa bajo el nombre de *tò aóraton* no es sino la expresión de una disyunción pura que no puede, por tanto, resultar aprehendida bajo las formas herederas de la política clásica, pero tampoco bajo los principios del Ser.

Habida cuenta de estos axiomas, ¿qué podría ser, entonces, una política que asumiese plenamente el des-anudamiento de la triplicidad *psyché-phoné-grámma* como la sutura *aprés coup* de una disyunción estructural? De la respuesta a este interrogante dependerá la política que aún no ha advenido, pero cuyos nuevos contornos resulta necesario pensar en un momento, como el presente, en que el antiguo anudamiento ha sido desatado. Las múltiples consecuencias de este hecho que marcan el colapso de una era se resumen en el hecho de que, en todo el orbe, la verdad (*alétheia*) vagabundea por intersticios vacíos, a la espera de alguna ocasión de advenir al ser-dicho aún (o especialmente) entre las intermitencias de la mentira como programa.

[V] Como ha sido demostrado hace mucho tiempo ya, la cuestión de lo verdadero y de lo falso sólo tiene, en nuestras sociedades, una importancia teórica, vale decir, no tiene "ninguna importancia en absoluto" (CHIAROMONTE, 1985: 140). De allí se deriva una mutación de envergadura inusitada en el esquema político del pensamiento occidental, pues la verdad pierde su gravitación política (aunque no necesariamente ontológica) con el ascenso de los Póstumos y el afianzamiento de su cosmovisión omnicomprensiva. Un signo insoslayable lo ofrece el posicionamiento de los Póstumos frente al poder político. En la extinta era de *Homo* una reflexión insoslayable al respecto cabe atribuirse a Étienne de la Boétie. Según los dichos de Michel de Montaigne, que podemos tomar como consumado testimonio que no amerita desmentida alguna, La Boétie no fue, precisamente, ningún agitador del orden público durante su vida. Esto no le impidió realizar algo que hoy resulta ya inverosímil a los habitantes del mundo: producir una reflexión sobre la paradoja aparente de que los seres humanos, nacidos libres, deciden someterse voluntariamente a la servidumbre de un orden político cualesquiera.

Tanto más pertinente resulta recordar la indagación de La Boétie cuanto que este se encarga, precisamente, de señalar que los pueblos de todo el mundo descifran, tarde o temprano, los vicios de los poderosos y "les reprochan todas sus desgracias (*malheurs*), todas las pestes (*pestes*), todas las hambrunas (*famines*)" (LA BOÉTIE, *Discours*, 26). Y, sin embargo, la obediencia tiene lugar en plenitud a pesar de las antedichas contestaciones salvo, desde luego, en los períodos extraordinarios de las insurrecciones y revueltas. En cierta forma, La Boétie exhibe el mérito de ser, no ciertamente el primero, pero sí uno de los más destacados pensadores de la Modernidad que atribuyó a los poderes una connotación de sospecha y desconfianza.

Después del *Discours*, nadie examinaría los meandros del Poder sin cuestionarlos al mismo tiempo. Lo contrario también es posible por efecto de contraposición estructural: nos hallaremos, en esos casos, ante los defensores del orden establecido. Las tradiciones humanísticas, en buena medida, habían heredado el punto de vista de La Boétie. Pero hoy en día, con las Humanidades ya extraviadas para siempre, se ha logrado un resultado más bien contrario. Es decir, los universitarios de todo el mundo, salvo excepción, han claudicado de cualquier espíritu de acribia frente a la Gran Transformación

que los Póstumos llevan adelante y que la pandemia que asoló al mundo a partir del año 2020 no ha hecho sino acrecentar.

Podría decirse que, a partir del hecho histórico conocido como la pandemia mundial de COVID-19, la servidumbre voluntaria se transformó en completamente legítima dado que los habitantes de Gaia, una vez inducidos por los poderes a las tecnologías del distanciamiento social, las aplicaron con más encarnizamiento que los Amos del mundo. Son los pueblos los que transformaron en legítimas todas las medidas de desagregación social y las reforzaron hasta el paroxismo llevando la vida política y ética a su completo abismo. No es necesario resaltar que el gesto no ha sido unánime, pero huelga también señalar que ha sido mayoritario y la inclinación por la servidumbre activa ha ganado la partida. La consigna de acatamiento a los Poderes se transformó, por así decirlo, en el canon dominante del pensamiento político de la universidad mundial y de las usinas del *infotainment* global. Para La Boétie, la obediencia no era natural ni legítima. Ahora se considera exactamente lo contrario.

El hecho no puede pasar inadvertido a quien pretenda observar el derrotero del gnosticismo político occidental que, en la Era de los Póstumos, sufre una metamorfosis du-

   Fabián Ludueña Romandini

radera. Podríamos decir, de esta forma, que se ha producido una suerte de diagrama de inversión de valencias en la matriz política de Occidente. En los tiempos presentes, la Naturaleza quiere ser considerada esencialmente buena (más allá de que el propio virus causante de la COVID-19 es un híbrido de origen natural pero de incubación económico-social). La premisa última de la bondad de la naturaleza, cabe argüir, se deja entrever en el afán de preservación de la vida biológica más allá de cualquier sacrificio de la ética política. La consecuencia se impone: la única soteriología aceptada por los Póstumos es la salvación del propio cuerpo entendido como sustrato anátomo-patológico. No sorprenderá, entonces, que los médicos sean los auténticos gnósticos de nuestro tiempo. Pero, como tales, no pueden sino invertir los valores: los cuerpos ya no son el tormento del alma (según la aporía precedente del gnosticismo político de la era de *Homo*) sino que, al contrario, la reivindicación de toda noción de *pysché* que exceda su completa identificación con las redes neuronales, es considerada la quimera última. Nada mejor que el cuerpo biológico entonces, pues no hay valor externo que sugiera un uso libre del mismo que merezca ser aceptado. La única libertad admitida para el cuerpo es su conservación bajo el régimen específico de la

servidumbre voluntaria legítima. El corolario del proceso implica que ya no existe ningún Dios misericordioso oculto más allá de los Arcontes de este mundo que ahora son considerados insospechados y bien dispuestos: la *arché* se instituye como fuente de los Poderes que exigen la servidumbre legítima, y la esperanza, revolucionaria o de cualquier otro tipo, antes punto de fuga del sistema, ahora ha sido definitivamente expulsada del conjunto de las equivalencias políticas. La obediencia legítima implica, de este modo, que el gnosticismo invertido es la religión política de los Póstumos cuyo designio no deja de estar marcado por una voluntad de determinismo absoluto sin ningún lugar, ni teórico ni práctico, para las libertades de los vivientes. De esta forma, la isotopía conceptual del gnosticismo político occidental mantiene los merismas pero, en la inversión posicional de su lógica, altera de modo irreversible la gramática de los vivientes de todo el orbe. Lo que en la lógica política es una transvaloración de las aglutinaciones conceptuales, en la Historia se traduce como un cataclismo epocal en cuyo estrépito está consolidándose la Nueva Era Póstuma.

Dicho de otro modo, tomando en consideración lo aquí vertido, ante la equivalencia *pysché* (vida) = Ser, hay que admitir que nos hallamos, en los tiempos presentes, nada más y nada menos que en los umbrales de una mutación irreversible en el orden del Ser. Indudablemente, de una u otra forma, habrá un futuro para la Tierra como geohistoria ecosistémica y en cuanto cronología físico-acontecimental. Mucho más dudoso, sin embargo, es que vaya a existir un por-venir para los habitantes de nuestro mundo. Todos los vivientes en general están amenazados en grados diversos pero, particularmente, resulta hoy más difícil que nunca pensar un por-venir, esto es, un futuro habitable para los vivientes en Gaia.

[VI] Derrida recuerda que la noción de Signo es un descendiente eminente de "ese logocentrismo que es también un fonocentrismo, vale decir, proximidad absoluta de la voz y del ser, de la voz y del sentido del ser, de la voz y de la idealidad del sentido" (Derrida, 1967: 23). Derrida sabía algo que suele ser pasado por alto en los debates político-filosófico-lingüísticos contemporáneos: el signo y la divinidad tienen el mismo lugar y el mismo momento de nacimiento. La época del signo es esencialmente teológica. Con todo, dice Derrida que tal vez nunca termine. Sin embargo, su clausura histórica está esbozada. Dicha clausura permite intentar deconstituir la falla de la máquina teológico-política (aunque Derrida todavía no utilice ese término "teológico-político", todos sus elementos están allí colocados para que pueda ser pronunciado).

Ahora bien, mientras Derrida escribía esas páginas, no dejaba de ser oscuramente consciente de que la máquina teológico-política estaba, ya entonces hace medio siglo, siendo amenazada por otra máquina, habría que decir las máquinas, de la cibernética. Un imperio de la telemática se estaba diseñando y las consecuencias podrían ser atroces. Derrida lo sabía pues él mismo señala que esa cibernética logrará deshacerse de todos los conceptos metafísicos: alma, vida, valor, elección, memoria. Creemos que hoy en día, precisamente, esa tarea está más cerca que nunca de su cumplimiento absoluto. Y, de hecho, los fabricantes de futuro, es decir quienes trabajan en contra de todo por-venir, están hoy muy cerca de proclamar su triunfo en el mundo que se está diseñando, ahora mismo, bajo nuestros pies, en el decurso de la pandemia mundial. Digo muy cerca porque sabemos de las voces disidentes pero no olvidemos tampoco que, al menos por ahora, son ciertamente minoritarias.

Sea como fuere, hace medio siglo Derrida creía que la cibernética no podría, a pesar de todo, deshacerse de la noción de escritura, de huella, de grama o de grafema. No obstante, los asaltos no han cesado y esta última noción de la metafísica es hoy, precisamente, la que está puesta en entredicho por la digitalización planetaria. Estimamos que resulta pertinente y necesario interrogarse si no estamos en presencia, justamente, de una subversión de la noción misma de Signo en cuanto tal. Una nueva ateología del Anti-signo está en curso y tenemos para nosotros que está llamada a transformar, de cabo a rabo, todo cuanto hemos conocido hasta el momento como un mundo humano. Lo sé: el mundo del Hombre que está feneciendo no tiene, sobre todo en esta fase decreciente, nada que merezca precisamente elogios. Más bien todo lo contrario. El riesgo, con todo, es que hay quienes buscan reemplazarlo con una tiranía aun más despiadada, aun más pervasiva de los cuerpos. Quienes propugnan por ese futuro buscan deshacer el lazo teológico-político del Signo en nombre del Bit como operador de la desagregación de la vida como genoma: ya no las bodas del significante con lo viviente sino de la configuración zoopolítica de lo viviente en lazo con el Bit en tanto elemento a-humano, más allá de todo grafema. Si esto es cierto, podríamos estar en un alba que, tal vez, demore décadas o, incluso, un par de siglos (¿cómo saberlo?) antes de materializarse por completo: esto es, el final de la escritura no tanto como forma histórica sino como efecto disyunto de la Voz

en cuanto convergencia metafísica. No albergamos duda alguna de que asistimos al momento en que muchos están intentando sentar las piedras fundacionales de dicho movimiento de largo alcance.

Podemos inferir, dado que hemos sostenido que la escritura se enlaza con la *phoné* y esta última con la *psyché*, que no es posible el final de las dos primeras que no conlleve la ruina de la tercera. Disolver la *pysché* como entidad trans-material o como *tópos* de convergencia indistinta entre lo material y lo invisible o, mejor aun, como invisibilidad material, constituye uno de los designios del Eón presente. De allí que el final de la metafísica coincide con el final de la zoopolítica como último refugio de la ontología clásica. La categoría misma de vida carece de todas sus significaciones precedentes: ya no es ciertamente *bíos*, ni tan siquiera *zoé*. Mucho menos responde a las exigencias cosmológicas de la vida primordial que se cifraba en la cosmología de la *pysché*. En el tiempo póstumo al que estamos accediendo, los trastocamientos son tan profundos que atañen al modo mismo en que, hasta el presente, hemos pensado la historia milenaria del Ser.

La gramática ontológico-política de Occidente ha sido completamente evacuada de toda inteligibilidad y lo que adviene aún no tiene nombre preciso aunque, preliminarmente, cabe denominarlo la era de la singularidad póstuma y su emergencia es uno de los hechos más contundentes que jamás se hayan presentado en la eco-historia de Gaia. ¿Cómo será una humanidad desprovista de escritura y afectada de una *psyché* condenada al exilio? Es de esperar que pronto comenzaremos a intuirlo. Como hemos señalado, entendemos que a este proyecto se oponen otras fuerzas. De seguir siendo así, es posible que podamos, a pesar de todo y de lo ominoso que se presenta el panorama, acercarnos a lo que Derrida le gustaba llamar, enigmáticamente, "el resplandor más allá de la clausura" (DERRIDA, 1967: 25).

[**VII**] En una de sus más osadas afirmaciones, Sigmund Freud ha podido discernir que la espacialidad (*Räumlichkeit*) puede ser concebida como una proyección del carácter extenso (*Ausdehnung*) del aparato psíquico. Negando toda legitimidad a la estética trascendental de cuño kantiano, Freud postula que "Psique es extensa (*Psyché ist ausgedehnt*)" (FREUD, 1993: 152). Aquí la extensión vale como otra denominación de la continuidad y que el aparato psíquico sea definido con su nombre propio mitológico no hace sino reconducir a Freud hacia el problema de las potencias demó-

nicas que rigen a *Homo* y que él trató de conjurar en su obra, de diversas formas, bajo los ropajes de una ciencia de corte no pocas veces biologizante.

No obstante, en estas postreras anotaciones de Freud, Psique retorna para reclamar sus derechos como potencia de lo Invisible rectora de los destinos humanos y configuradora fundante del ecosistema del mundo. Para entonces, ya era tarde. La secreta invocación para la conquista final de Psique con el objetivo de hacer de ella el territorio de lo discreto había dado comienzo y hoy se ha alcanzado el ápice de la despotenciación de lo Invisible. De allí que el encarnizamiento de los tiempos actuales se centre, precisamente, sobre la noción de *psyché* que, luego de milenios de existencia, corre el albur de ser erradicada de la faz de la Tierra al reducirla simplemente a una ilusión pretextada por la única existencia aceptable para los Póstumos: la materialidad de los enlaces neuronales.

Por ello, en nuestros días, el auténtico sentido del final de la Historia no es, precisamente, otro que el fenecimiento del Espíritu (heredero de la *Psyché* enarbolado como Absoluto metafísico) del panorama de la existencia de los vivientes en Gaia. De allí que nuestra época sea, en todo aspecto, un *experimentum stultitiae* donde la forclusión de lo Invisible ha generado el efecto devastador a partir del cual los discursos masivos circulantes, en los sistemas telemáticos o fuera de ellos, no son sino una forma de *delirium* sin conciencia de sí mismo y que se expande bajo el irónico nombre de "nueva normalidad" transformándose en el Universal del Nuevo Orden Póstumo. De esta forma, no hay verdad que se pueda encontrar por fuera de la superficie misma del delirio planetario ni lenguaje que escape de su desquicio fundante para tomar la forma de un Evangelio de la discrecionalidad telemática.

Con todo, la para-metafísica que defendemos sostiene que, a pesar de todo, Psique no ha desaparecido sino que, únicamente, ha abandonado el mundo de los Póstumos para supervivir, con sus propiedades fundamentales, en el nudo de la disyunción del Ser que, más allá del continuo y del discreto, le permite todavía ser parte de la auténtica medida determinante del cosmos.

La pandemia, más allá de las legítimas polémicas sobre su advenimiento, ha tenido lugar. La auténtica salida habría sido el sacudimiento del orden existente. Pero los Amos del mundo, como casi siempre, lo han comprendido primero y han tomado la delantera. Su objetivo: la conquista de *Pysché* y, por tanto, de todas sus valencias: vida, muerte, lenguaje.

Durante la pasada pandemia y las que seguramente habrán de sucederle prontamente en el futuro se está diseñando el nuevo ordenamiento global bajo el eufemismo impolítico de la "nueva normalidad" que no es otra cosa que una nueva esclavitud existencial.

Ahora bien, ¿puede prosperar un proyecto semejante de asalto a la *Pysché*? No es inverosímil cuenta habida de los resultados hasta el presente. Aun así, los costos se harán sentir implacables y la insanía no faltará entre ellos. Hoy como siempre el extravío o la salvación está en manos de los seres hablantes. No es seguro, sin embargo, que estos crean aún en sus posibilidades. La delegación absoluta del poder político y la claudicación ante las máquinas son los signos de un ocaso. De no hacerse algo pronto, lo último que escribirá la filosofía, antes de salir de escena, será el epitafio del mundo humano. Se puede, incluso, afirmar que ya está siendo escrito.

[VIII]　¿En qué consisten las fuerzas que habitan la Psique? Un ejemplo proveniente de la tradición monástica rusa nos lo deja traslucir de manera inequívoca. Cuenta la crónica que el monje Isaac, consagrado a una vida ascética, una noche, como de costumbre, extinguió la vela de su cela y entonces, una luz súbitamente se abrió paso resplandeciente en la cripta como si brillase desde el sol y de modo lo suficientemente fuerte como para obnubilar la visión de aquel hombre. Dos bellos jóvenes se aproximaron a él entonces. Sus rostros eran radiantes como el sol y le dijeron: "Isaac, somos ángeles; Cristo se acerca a ti. Póstrate y adóralo". [Isaac] no entendió el artificio demoníaco ni recordó persignarse, pero se arrodilló ante la obra de los demonios como si fuesen Cristo mismo. Los demonios luego gritaron y dijeron: "Ahora, Isaac, nos perteneces" [...] Es maravilloso y extraño que haya permanecido así por dos años, no probando pan ni agua ni ninguna otra comida o fruta, ni tampoco pudiendo hablar sino que permaneció sordomudo por la totalidad de aquellos dos años. (ZENKOVSKY, 1974: 112-116).

Finalmente, Isaac logró, con su ascetismo y fuerza de voluntad, quebrar el hechizo demoníaco y liberarse a sí mismo. Importa aquí destacar que la Psique de Isaac era precisamente tal porque constituía el espacio donde su interioridad se definía a partir de su agónico enfrentamiento con las potencias del *Outside*. Se puede decir que los propios demonios perfomaron su Pisque y le dieron existencia con su ac-

tuar. En este sentido, es la propia acosidad de la que Pisque es expresión la que le otorga su espesor ontológico.

Todavía aquel lejano monje ruso podía reconocer las potencias de las que Pisque era portadora y, en consecuencia, era capaz de definir todo el sentido de su vida a partir de la confrontación ético-política con el mundo extra-humano que definía, por entonces, la posibilidad que tenía *Homo* de acceder a lo Invisible. Cuando los Póstumos conquistaron el mundo, el antiquísimo portal de Psique se cerró como experiencia del Afuera y selló la suerte de *Homo* para siempre, instaurando el reino póstumo de la devastación de todo el orbe. Nadie pudo, a partir de entonces, conocer ese mínimo grado de acción que en el mundo de antaño se conocía bajo el nombre de libertad.

   Fabián Ludueña Romandini

Maniera: el nombre de la vida

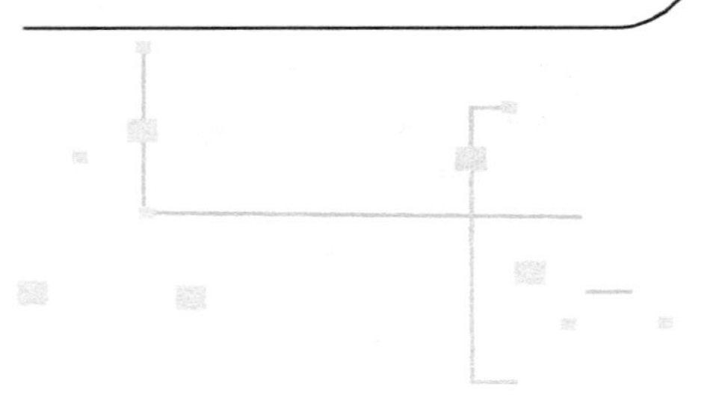

[I] Situémonos, siguiendo nuestro trazado, en un ámbito muy particular de la Modernidad Temprana: la Venecia del legendario Tiziano. Si tenemos el suficiente cuidado quizá podamos extraer todavía una lección desde ese lejano e, indudablemente, ya fenecido pasado.

Un auténtico banquete festivo se celebró el 1 de agosto de 1540 en casa de Tiziano en Venecia con tan ilustres invitados como Pietro Aretino o el gramático Francesco Priscianese quien, precisamente, nos ha legado en una de sus obras eruditas, un testimonio invaluable de las fiestas de Tiziano donde "los placeres (*piaceri*) y solaces (*sollazi*) se convenían a la calidad del tiempo, de las personas y de la fiesta (*festa*)" (PRISCIANESE, 1540: s/n). No es inútil resaltar que ningún tratado de gramática escrito en la actualidad podría contener algún relato edificante sobre los placeres de la buena vida. Afortunadamente, no era el caso en tiempos de Tiziano y así conservamos este inestimable documento que nos muestra que, para el pintor, la vida estaba signada, ante todo, por el placer y que, de hecho, la vida era vivible porque alteraba su ritmo habitual para conformarse en la suspensión del tiempo que la fiesta representa. En la fiesta, la vida misma se intensifica a tal punto que se indistingue lo biológico de lo psíquico, volviéndose una forma de plus-deser que eyecta a los seres hablantes hacia un punto de eternidad en el acontecer presente.

De este modo resulta más comprensible el *motto* de Tiziano: "*natura potentior ars* (el arte es más poderoso que la naturaleza)" y que conocemos gracias a los oficios de Battista Pittoni y su libro de impresas. Allí se establece, justamente, que Tiziano "ha vencido al arte, al ingenio y a la naturaleza" (PITTONI, 1562: 200). Semejante afirmación muestra que en Tiziano la filosofía ha calado más profundamente de lo que muchos intérpretes suelen admitir para su caso. El *motto* de Tiziano no menosprecia la naturaleza sino que, al contrario, muestra que el arte la roza englobándola o, dicho de otro modo, haciéndose una con ella. No es otra cosa lo que indica el concepto supremo de *maniera* que, como efectivamente ha sido señalado, en el caso de Tiziano no significa otra cosa que el hecho de que "si la naturaleza (*Natura*) se transforma en espejo (*specchio*), el pincel de Tiziano se transforma en Naturaleza" (BOSCHINI, 1684: s/n).

No podría describirse, de manera más sutil y exacta, cómo naturaleza y arte se fusionan en la *maniera* superior de una imagen que es una archi-realidad capaz de sellar la cesura milenaria abierta entre el mundo natural y el artificio de los oficios humanos. Este punto debe hacernos comprender

que, cuando muchas veces se enarbola el concepto de imitación para el arte renacentista, de ningún modo se debe implicar noción alguna de copia. Al contrario, como lo ha señalado un insigne estudioso, la imitación de la naturaleza para los pintores renacentistas y post-renacentistas no es otra cosa que transmutación, vale decir, un dispositivo que, filosóficamente, sella el abismo originario entre naturaleza y arte (MENÉNDEZ PELAYO, 1944: 155).

De este modo, las pinturas de Tiziano no son realistas sino que, al contrario, crean la realidad como *maniera*. Salvo que la manera de Tiziano consistía, justamente, en la transmutación de lo existente en una imagen que cifraba todo cuanto en el Universo podía hallarse de visible o de invisible, de accesible a los sentidos o de escondido para los seres hablantes. En aquel tiempo, los pintores conocían el arte esotérico de la transfiguración imaginal como operador ontológico que no se limitaba a vivir-en-el-mundo sino, mucho más ambiciosamente, a crear-el-mundo y su experiencia de goce. Un acto de deificación casi rayano a la herejía pero que, en aquel entonces, recorría el orbe como una evidencia aceptada aunque hoy haya resultado completamente extraviada en inerte museología.

 Fabián Ludueña Romandini

No es inverosímil suponer que dicha filosofía, hoy por completo incomprensible, afectó el modo en que Tiziano atravesó la complicada crónica veneciana de su época, siempre amenazada por la peste. De hecho, sabemos que Tiziano murió "habiendo peste en Venecia" (Borghini, 1584: 524) cuando estaba por alcanzar los cien años de existencia. Su muerte tuvo lugar al desencadenarse la epidemia de 1576 cuando "la implacable Muerte (*l'implacabile Morte*) con doloroso estrago había triunfado sobre innumerables mortales" (Ridolfi, 1648: 191) hasta el punto de haber impedido y retrasado las exequias debidas al pintor. No es costumbre nueva, como puede comprobarse con cada peste, la barbarie de dejar a los muertos insepultos o sin las exequias apropiadas según los casos. Ahora bien, a pesar de la peste, Tiziano no se refugió de la vida sino que, al contrario, apostó a su intensidad hasta el final.

No cabe duda de que su última obra, la *Pietà* nos coloca en la senda que nos permite entender un poco más por qué el anciano pintor, es decir, un integrante del grupo de riesgo epidémico, no temía a la muerte. Un indicio lo proporciona su archirealismo filosófico: si la *maniera* del artista transmutaba naturaleza y artificio, cabe suponer que la vida no podía ser meramente cuerpo biológico sino que dicho concepto encerraba una inaprensible exfoliación donde, precisamente, la vida era todo aquello que desbordaba la biología sin desdeñar, desde luego, del cuerpo anatómico. Salvo que no había cuerpo que no estuviese, por el hecho mismo de existir-en-la-manera, transfigurado, correspondientemente, en un hiper-cuerpo cuya espesura ontológica nos resulta hoy del todo inaferrable.

[II] La última obra de Tiziano, la *Pietà* (Wethey, 1969-1975: cat. nº 86), reviste un carácter doblemente excepcional: por un lado, fue pensada por el propio Tiziano como un testamento pictórico y destinada a su propia sepultura en Santa Maria dei Frai. Por otro lado, su fallecimiento por los efectos de la epidemia le impidió terminarla, tarea que recayó en Palma el Joven aun si lo fundamental de la obra ya estaba completamente realizado por el propio Tiziano. Los homenajes pictóricos a sus predecesores, Giovanni Bellini, Giulio Romano o Miguel Ángel son claramente detectables y, en cierta forma, la obra se transforma también en un diagnóstico sobre el ocaso del Alto Renacimiento en la pintura. Crepúsculo del artista y fin de una época se combinan en una obra, a la vez sombría y esperanzadora.

La gran escena de la Piedad luego de la Crucifixión del Mesías es flanqueada por la presencia de Moisés (véase figura 1). Pero también la tradición antigua se halla presente: Tiziano recurre a la octava Sibila, la Helespóntica, legendaria profetisa de la Antigüedad con raigambre apolínea. La menciona en su lista Lactancio citando a Marco Varrón y recuerda que esta Sibila era "nacida en territorio troyano" (Lactancio, *Divinae Institutiones*, I, 6, 12), más precisamente en la aldea de Marmeso y gozaba del inmarcesible prestigio de haber profetizado la Crucifixión del Ungido.

Existe en el cuadro, al mismo tiempo, una doble inscripción del artista puesto que, como ha sido sugerido, el Jerónimo arrodillado es un autorretrato del propio pintor. De esta manera, Tiziano se sitúa en un momento muy específico de la Pasión: cuando la Virgen y María Magdalena se hacen cargo del cuerpo yaciente de Jesús. El mismo Tiziano, bajo la figura de Jerónimo, no obstante, observa al Cristo en un momento culminante, y en cierta forma espeluznante, pues lo que el pintor pretende observar por sí mimo en el cuadro no es sino el evento de la muerte del Mesías como tal. Se confronta, de este modo, no tanto con la vida eterna sino con la muerte inmisericorde que abate incluso al propio Jesús.

Figura 1. *Pietà* de Tiziano.

     Fabián Ludueña Romandini

No podría haber mayor implacabilidad al afrontar la Muerte como finitud y desgarro último.

Si no fuera por dos detalles presentes en el cuadro, hasta se podría pensar en una exaltación última de una muerte irredenta a la que Tiziano se atreve a mirar de frente. Sin embargo, el pelícano que se sitúa en la semicúpula del ábside es un claro símbolo que preanuncia la resurrección venidera. Aun así, lo más osado del cuadro está en la *tavoletta* que Tiziano inserta debajo de la Sibilia Helespóntica y que se trata de un auténtico exvoto (ver figura 2) donde se le ruega a la Virgen con su Hijo yaciente la salvación eterna para el propio Tiziano y su hijo Orazio (quien, dicho sea de paso, también sería víctima inmediata de la misma epidemia que terminó con la vida de su padre).

De ningún modo es posible discernir en el cuadro simplemente un motivo de "resignación frente a la muerte" (Wethey, 1969-1975: 93). La apuesta es mucho mayor puesto que en la obra tiene lugar el *Nachleben* (supervivencia) de la tradición antigua unida al judeo-cristianismo. El profetismo celebra sus bodas oscuras con el mesianismo de la resurrección produciendo, de este modo, un vórtice temporal donde todas las épocas se confunden una *apokatástasis* del tiempo mesiánico, una recapitulación de toda la Historia Universal.

Figura 2. Detalle de la *tavoletta* votiva de la *Pietà* de Tiziano.

Con todo, el gesto decisivo del exvoto transforma completamente el carácter del cuadro, pues su inserción no es meramente simbólica como suele apuntarse ingenuamente. Al contrario, la presencia del exvoto hace que no estemos en presencia de una "imagen iconográfica" sino, más radicalmente, de una imagen teúrgica que produce la presencia de lo divino como écfrasis. En la *Pietà*, el misterio del tiempo final y de la Muerte se resuelve en una imagen performática en la que, por así decirlo, el pintor crea un exvoto perpetuo destinado a asegurar su salvación eterna y la de su hijo Orazio. El poder performativo de la obra, por tanto, la extrae de la tradición iconográfica para situarla en la taumaturgia de las imágenes pensadas para actuar sobre el dominio de lo sobrenatural con la mediación de las Figuras antiguas y judeo-cristianas que aseguran la gran convergencia de la Historia Universal para la salvación del cuerpo y del alma de los mortales.

Tiziano sigue trabajando en medio de la epidemia y no teme morir simplemente por el hecho de que entiende aún que el arte es Arte de transmutación y agencia sobrenatural. Todo cuerpo yaciente, confrontado con la Muerte exterminadora, no es más que una ilusión frente al hiper-cuerpo de la resurrección a la que busca inscribirse mediante un exvoto. En otras palabras, la *maniera* es capaz no sólo de sumar las potencias de la naturaleza sino de elevarse y vencer a la Muerte en cuanto tal. El poder del Arte va mucho más allá de la memoria y de la gloria puesto que tiene en su potencia el producir o inducir la propia salvación en los hiper-cuerpos que se sitúan más allá de cualquier determinismo biológico. En el fondo, para Tiziano no hay cuerpos: sólo existe el plus-de-cuerpo que deshace cualquier quiasmo entre la vida y la muerte para adentrarse en una sobrevivida que anula todas las nociones vigentes de vida para dar lugar a una existencia ontológicamente más allá de todo ser finito y, quizá, entreviendo un resplandor más allá de la plenitud misma del Ser.

De hecho, si alguien hubiese requerido una respuesta de Tiziano o de sus contemporáneos acerca de la vida desde el punto de vista filosófico, ninguno habría pensado siquiera posible identificarla con el cuerpo, ya sea viviente, ya sea yaciente; al contrario, tal vez habríamos visto invocada la noción de *Vita* como Figura que puede delinearse sólo en el conjunto de la Historia Universal, como *Nachleben* de todas las imágenes previas de la Humanidad en una síntesis que se opera en el acontecer singular de cada existencia y su *maniera*. Cierto, la Figura no se plasma sino en un cuerpo que, por ese hecho mismo, es ya plus-de-cuerpo o cuerpo figurado,

  Fabián Ludueña Romandini

Memoria de la tradición milenaria de los seres vivientes. No es otro que el pintor quien puede traducir la Figura en imagen, como sólo el poeta puede trasponerla en palabras o el filósofo en sentido último. Pero, en cualquier caso, la Figura es la cifra ontológica que, en el torrente de la temporalidad, escapa al devenir de este último y se fija, circunstancial pero definida, en la eternidad del momento que es la materia de la biografía imposible de cada viviente. La forma suprema de la Figura es, entonces, el nombre secreto de la vida.

[III] ¿Qué nos ha quedado de todo esto si comparamos nuestra situación actual frente al Corona y la pandemia global en curso? Nadie cree ya en el poder de las imágenes excepto como fantasía de un alter-ego socio-telemático. La epidemia amenaza con liquidar varias formas del arte y de los saberes sin que sus detentores se den siquiera cuenta del hecho. Más bien, al contrario, las víctimas se han transformado en los defensores, tan acérrimos como ingenuos, de su propia aniquilación. La Historia Universal hace tiempo que es un recuerdo: el final del ciclo de las Revoluciones selló también cualquier confianza política en la Historia como fuerza supra-acontecimental. En su lugar, hoy no hay nada más que sobrevivida a cualquier precio: sin gloria pero tam-

bién sin memoria ni supervivencia; los seres hablantes temen, con desesperación, sucumbir en el anonimato de la masificación generalizada.

Gaia, por su parte, ha sido nuevamente herida y ahora se la considera ominosa, ingobernable, portadora de los males destructores de la Humanidad. Y la caja de Pandora que Tiziano había pretendido cerrar se ha vuelto a abrir: hoy se yergue nuevamente un abismo insalvable entre la naturaleza y el mundo artificial de los seres hablantes. Para una civilización sin memoria de su tradición histórica y cuya tonalidad fundamental es el miedo masivo a la muerte del cuerpo como entidad biológica, el riesgo de producir una hecatombe no conscientemente buscada se torna cada día más acuciante. En cierta forma, con la filosofía proscripta en nombre de la medicina como nuevo saber Absoluto, el final puede estar curiosamente asegurado. La salvación del cuerpo biológico puede ser la contracara del final de la *humanitas* de los seres hablantes.

Este es el precio que hoy se ha mayoritariamente decidido pagar y el destino que los vivientes humanos de Gaia hemos decidido abrazar. La vida es hoy solamente vida biológica puesto que, con toda evidencia, ha perdido su Figura y se ha divorciado del tiempo y de sus supervivencias. La des-figuración de la vida quizá sea uno de los dramas más acuciantes que definen el perfil de este tiempo, el nuestro, en el que somos aún incapaces de producir una nueva *maniera* hasta ahora inédita y, peregrinamos, por tanto, en un desierto inconsolable. En efecto, de quien no ha percibido la gravedad de la hora que hoy sesga al mundo no puede esperarse nada.

Erotología: el problema del mal

[I]   En un libro tan prematuramente trascordado como mal sompesado, se avanzó una tesis que merece ser considerada en toda sus implicaciones: el Mal existe, en nuestra civilización, bajo ropajes completamente inesperados. Más específicamente, se puede constatar su presencia gracias a la "epidemia silenciosa de las redes de información". Los *fake events* serían el Mal del tiempo póstumo: "la virtualidad de la guerra no es, por tanto, una metáfora. Constituye el pasaje literal de la realidad a la ficción o, más bien, la metamorfosis inmediata de lo real en ficción. Lo real no es más que el horizonte asintótico de lo Virtual" (BAUDRILLARD, 2004: 105). En otras palabras, en el mundo contemporáneo la forma, a la vez banal y radical del Mal, se cristaliza en la figura del simulacro. Sin embargo, reducido en la tesis precedente, a un dominio exclusivamente tecnológico, se pierde por completo la inteligibilidad del problema que debe ser restituido a su adecuado contexto metafísico. ¿Cómo ha sido posible que uno de los más nobles conceptos de la filosofía, como el de simulacro, haya corrido el albur de ser asociado a la cuestión del Mal?

[II]   En el otoño de la Edad Media y en el Renacimiento, los simulacros encuentran su lugar más propio de expresión en la poesía filosófica del *dolce stil nuovo* y sus herederos. No es el interés primordial seguir aquí la letra de aquella doctrina sino el espíritu de su letra pues la misma encierra uno de los arcanos del problema de la virtualidad en su trasfondo onto-teo-lógico. En este sentido, es posible sostener que existe una axiomática del Amor según Guido Cavalcanti que podría expresarse en tres proposiciones poéticas que se encadenan entre sí:

1) "El pavoroso espíritu de amor (*spirito d'amore*) / el cual suele aparecer cuando uno muere / y de otra guisa jamás se lo ve". (Cavalcanti, 2011: 17).

2) "[El Amor] proviene de una forma vista que se intelige, / que se arraiga — en el intelecto posible (*possibile intelletto*), / como en una substancia (*come in subietto*) / y hace allí lugar y morada". (Cavalcanti, 2011: 21).

3) "[Ciertos espíritus] dejaron a los ojos abandonados / cuando pasó por la mente un rumor que decía: "dentro, Belleza (*Biltà*), que muere, mas ten cuidado que Piedad (*Pietà*) no asoma su mirada". (Cavalcanti, 2011: 9).

Se puede apreciar, entonces, la equivalencia que establece Cavalcanti y que se expresa igualando el Amor a una de las formas de la muerte. Aun cuando el Amor encuen-

tra su morada más propicia en el intelecto agente separado, de cuño averroísta, es precisamente allí donde extingue también su flama y se evapora. Sin embargo, todavía con mayor pregnancia la idea del Amor como muerte se expresa, acaso, en la teoría del *spirito d'amore* que, como hoy se sabe, posee múltiples influencias de la fisiología de su tiempo, del averroísmo, del tratado de André le Chapelain, del neoplatonismo árabe, del aristotelismo y de la pneumatología cristiana (Klein, 1965: 197-236).

Si Robert Klein ha podido hablar de una auténtica "psicomaquia" del amor en Cavalcanti, no obstante, sus implicaciones filosóficas todavía permanecen oscuras. De hecho, como señala la axiomática que hemos tratado de poner de relieve, el Amor es, ante todo, un fenómeno en el cual el sujeto es invadido, por medio del *spirito*, por un Otro que busca hacerse lugar en el espacio del ser individual. Ciertamente, no para producir, a la manera de Dante, una unión teológica última mediante la transfiguración en la eternidad, sino al contrario, amenazando al sujeto con una muerte sin redención posible.

[III] No existe en el Amor, por tanto, una teología política de la *unio mystica* de fusión de los sujetos enamorados sino un acto de usurpación pasional: los *spiritelli* son una miríada voraz que produce un acto de *stasis* súbita entre los cuerpos y los simulacros difuminan así los límites que establecen los cuerpos sexuados y la subjetividad individual. La subjetividad, que no tiene otra expresión de su inmaterialidad que la materialidad del cuerpo, es completamente alienada por la presencia de los simulacros del ser amado. La batalla está perdida para el enamorado y el precio de su amor es la muerte ante el Otro.

[IV] En cierta forma, esta psicomaquia demuestra que en el Amor se establece el principio según el cual, precisamente, su condición de posibilidad es la imposibilidad de la relación entre los cuerpos. El topos de la relación es reemplazado por una disyunción que hace de la unión de los cuerpos un acto imposible. Como podemos leer en Marsilio Ficino:

> El amor divide y desgarra las entrañas [...] deja al sujeto desposeído de lo que le pertenece y cambia su naturaleza por otra, cambio que no le permite reposarse en sí mismo, sino que lo arrastra sin cesar hacia aquel que lo ha contaminado (*semper a quo infectus est trahit*) [...] la sangre del hombre herido por el rayo de los ojos (*oculorum radio*) brota en aquel que le hiere. (FICINO, *In convivium*, VII, 5).

El amor es la expresión de la disyunción entre los cuerpos y la guerra de los simulacros no es otra cosa que la muestra de un acto de fagocitación donde los contornos del sujeto son borrados para ambos enamorados: uno pierde sus simulacros por efracción pasional pero el otro también bajo los efectos de una invasión pasional que terminará en una eversión de toda la psiquis. De allí que el amor es efímero y conduce inexorablemente a la muerte salvo que es la única pasión psico-estásica que merece la pena ser vivida. El ser-para-la-muerte sólo existe, en su máxima expresión metafísica, en el Amor y es en su región ontológica donde la disyunción del Ser encuentra uno de los terrenos más propicios de su realización. Por tanto, no hay desubjetivación posible sin el dispositivo que difumina al sujeto del deseo ante la presencia del Otro que lo determina.

[V] De todas maneras, esta es una forma de ilusión extrema pues, en rigor de verdad, el Otro no existe pues no es más que el punto de convergencia de un principio de individuación donde prima una multiplicidad extra-subjetiva. Una exomorfosis marca la inestabilidad de toda subjetividad pues lo que llamamos un individuo no es más que la convivencia, tan inestable y efímera como en el Amor, de principios exteriores al sujeto: los démones que lo presiden, las pasiones, las potencias vitales, los espectros que propician la acosidad, no son más que la expresión de un *Outside* que imposibilita un sujeto cuya identidad no sea el principio de no-identidad sustantiva. Ningún sujeto enamorado, por tanto, se enfrenta jamás con un otro sino con la subrepción *après coup* del Otro que no más que la ilusión ante el horror de la desmultiplicación de la que todo individuo es ilustración.

El Otro inexistente no es más que un punto que nos permite vislumbrar, auténticamente, el abismo del cosmos plagado de entidades en una dimensión convergente que a veces llamamos un yo. El Amor es, por tanto, la vía regia hacia la acosmología y en el *ápeiron* que es todo sujeto, por la propiedad transitoria de la convergencia óntico-ontológica de los entes subsistentes que los cuadriculan, no se vislumbra, en el fondo, otra cosa que el vacío y el sin-sentido. La filosofía del Amor, sin embargo, debe aspirar, más allá de Cavalcanti, a la aparentemente paradójica tarea de decir el sin-sentido. Es precisamente entonces cuando la onto-teología se transforma en para-metafísica. Finalmente, el propio Dante hace que la poesía sea una "ilimitación anár-

quica (*anarchische unüberschaubarkeit*) [SJÖBERG, 2020: 14]" que entrega como legado a Occidente. Podría decirse, entonces, que la filosofía del amor confronta el punto en que la *arché* ya no origina porque agujerea el Ser ante la ausencia de cualquier proposición que fundamente su lenguaje.

[VI] La axiomática del Amor como ser-para-la-muerte producto de la absorción metamórfica de los contornos subjetivos inter-dependientes y difuminados debe, no obstante, medirse a la luz del postulado de la pluralidad de los mundos como única forma de inmortalidad admitida por la Disyuntología. En este sentido, la muerte a la cual el sujeto es enfrentado por Amor no es una finitud absoluta sino relativa en tanto y en cuanto el acceso a los fragmentos de pluralidades de mundo del cual la *psiquis* es sede y performativo para-ontológico es un fracto al cual se pierde acceso por la dehiscencia subjetiva. En otros términos, la muerte que el Amor hace presente es su encuentro con la Disyunción que diluye toda convergencia subjetiva entre principios de individuación.

En este sentido, nada priva de intensidad a la experiencia amorosa: solamente señala que esta pertenece a la *inharmonia mundi* de la disyunción y no existe el Uno de la relación amorosa consumada *in aeternum*. Con todo, siempre que se pierde contacto con un fracto, ciertos restos, huellas, archi-marcas, permanecen y son la materia del recuerdo en cuyo imaginario *après coup* se puede dar sentido al sin-sentido originario del Amor. De hecho, la poesía de Cavalcanti es la expresión más sutil de esta empresa pues es un ejemplo, precisamente, de que "el signo es un espectro de sentido" (ANTELO, 2015: 260).

No obstante, si el sujeto se confronta al sin-sentido y lo trasciende, un nuevo contacto pasional con otro espacio fractual se torna posible aunque efímero. Ahora bien, vivir la disyunción es la experiencia del goce y el sufrimiento. La tarea de la filosofía se diseña cuando intenta atravesar el sin-sentido para que, en el intersticio de los fractos, la disyunción pueda encontrar su modo de transmisibilidad, que no es otro que la pretermisión, dentro del *Lógos* postlocucionario que la para-metafísica intenta escuchar. Por estas razones, Amor es el nombre de la experiencia más intensa de la pasión del cuerpo confrontado con la disyunción de los fractos.

[VII] Si, según nuestra hipótesis, el Amor y su correlato inevitable con la muerte señalan la experiencia de los fractos como vivencia acósmica del sujeto, una conclusión se impone: la erotología es una ciencia esotérica que inicia al sujeto en la captación psíquica de la disyunción. Su reverso complementario es la filosofía exotérica que intenta decir, necesariamente de modo inferior pero no por ello inexacto, la ilogicidad de Amor. Ahora bien, el conocimiento de los sinuosos caminos que forman la equivalencia inexorable entre el Amor y la muerte no deben conducir a sostener, como lo hace el mundo de los Póstumos, la muerte del Amor. En este último caso, lo que se verifica, entonces, es la ausencia absoluta del acceso a la fractología, a la disyunción y, por tanto, a la vida misma y sus inmortalidades. De allí la peligrosidad inaudita de la apuesta de los Póstumos: sustraer al sujeto de cualquier experiencia del Amor es condenarlo a la finitud absoluta, a la extinción como aniquilación en el *nihil* sin retorno ni final. De allí que los Póstumos se hayan apropiado del camino que permite enlazar al Amor con los fractos, vale decir, los simulacros. La experiencia disyuntiva de Eros es mediada y hecha posible gracias a los simulacros. Sustraídos como dispositivos separados del cuerpo, los Póstumos buscan, por así decirlo, absorber en un vórtice telemático todos los simulacros de los distintos planos ontológicos.

La región telemática deviene, de este modo, la prisión de los simulacros que fueron arrebatados a los seres vivientes de Gaia y, bajo la apariencia de la comunicación, se erigen como la tumba misma del acceso al Ser. Pero la liberación de los simulacros (y hasta un nuevo uso telemático de los mismos) sólo podrá ser posible si algún día los seres hablantes pueden recobrar la convicción de que los simulacros, propiedades de sus cuerpos, son la herramienta teúrgica con la que pueden hacer-mundo. Mientras tanto, si el proceso de acumulación de simulacros separados continúa en manos de los Póstumos, los seres hablantes sólo conocerán la desesperación del desierto por los siglos venideros. Sólo a este acontecimiento en curso cabe, con toda acritud, denominarlo el Mal que han pergeñado los Póstumos luego de su triunfo a escala planetaria.

Vita nuova

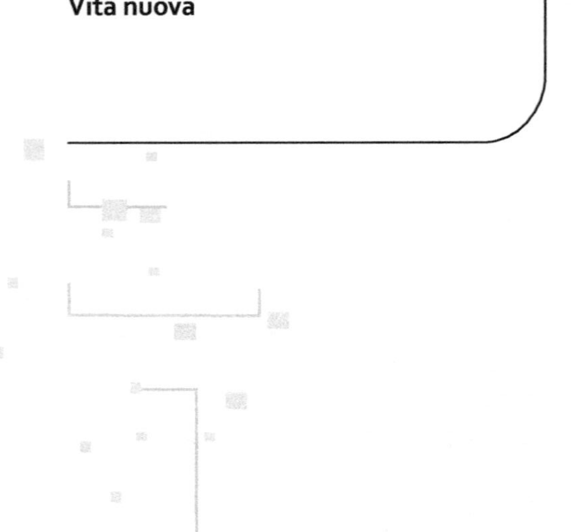

[I]   El recorrido que hemos querido realizar desde el primer volumen de esta indagación, no ha dejado de estar marcado por el horizonte de la antropotecnia y, más específicamente, por el cuadrante de la zoopolítica como forma originaria en que la vida entra en el dominio de la metafísica. Ciertamente, el destino de la zoopolítica de *Homo* ha sido profundamente alterado con la llegada de los Póstumos y el final de la metafísica. En ese sentido, una reflexión epocal se impone ante el contexto presente donde el significado de la vida en cuanto tal ha sido nuevamente puesto en cuestión de manera dramática tanto con la más alta eficacia tecno-modeladora por parte de los poderes constituidos como con una alta dosis de romanticismo político por parte de la filosofía de nuestro tiempo. Se trata de una meditación en la espera aunque con plena conciencia de la paradoja, señalada por Rafael Arce, según la cual todo el que espera des-espera (Arce, 2020: 69) y, por lo tanto, todo el que vive ya está deshaciendo la vida y tornándola inaferrable.

[II]   En ese orden de cosas, la incesante búsqueda de la forma-de-vida, la vida habitable o vivible tiene, desde luego, su más loable propósito al buscar oponerse a las misérrimas condiciones de vida infernal que ofrece el mundo póstumo. Sin embargo, todas esas tentativas, por más necesarias que sean, están condenadas al fracaso. De hecho, los filósofos han buscado el secreto del modo de vida desde que existen como tales. La ética no es más que el testimonio elocuente de esa búsqueda incesante. Con todo, será a partir de Dante que se insistirá sobre el problema de una "vida nueva" que adquirirá, con el correr de los siglos, los más diversos nombres y se ocultará bajo las más inesperadas máscaras. La "debilitada vida (*debilitata vita*)" que Dante se propone recomponer en su *prosimetro* (Dante Alighieri, *Vita Nuova*, XXIII), sólo es posible con la novedad de la transfiguración espiritual de Beatriz a través de los oficios teológico-políticos del Amor luego de la trágica muerte de la Dama.

En los tiempos solitarios y amargos de la segunda mitad del siglo XX, cuando los Póstumos tomaban silenciosamente el mundo por asalto con la conciencia lúcida de muy pocos acerca de los avatares históricos en curso, Roland Barthes volvía, con una determinación destinada a la errancia, sobre el tema dantesco. Ante la vejez y la amenaza de la decrepitud del amor y de la creación, Barthes intentó, una última vez, revindicar que la *Vita Nova* podía hallarse, todavía, mediante "una nueva práctica de escritura" (Barthes, 2003: 29).

Por ello, en un heroico aunque pírrico intento por salvar los saberes fenecidos de *Homo*, Barthes se propondrá defender "una Ruptura, un Comienzo, una *Vita Nova*: *nacer de nuevo*" (Barthes, 2003: 284) en consonancia con una reflexión sobre la obra como mediadora de la inmortalidad.

Nada más ajeno, como podría comprobarse poco después, al ánimo de los Póstumos que combaten encarnizadamente el amor y ya no creen en la Obra pues su *motto* no es otro que una versión secularizada del *cupio dissolvi*. En cuanto a la inmortalidad en su forma clásica, ya no será la piedra de toque de la metafísica del nacimiento sino únicamente de la zoopolítica de una reproducción exclusivamente técnica fuera de los ciclos del parentesco, como idilio de la colonización interplanetaria.

[III] Todos los seres son efímeros, como huéspedes pasados y futuros / el anciano ha partido, el joven asimismo partirá. / Esta generación no durará siquiera cien años— / Entended esto cabalmente de inmediato. (Longchenpa, 2007: 52).

[IV] Los fractos muestran que no hay que buscar la forma-de-vida porque, trágicamente, pensamiento y vida, vida vivida y vida biológica, jamás coinciden. Esta característica no debe adjudicarse exclusivamente a una falla ética sino que, por lo general, esta última se apoya en una condición fractual preeminente. No siendo la vida más que un epifenómeno de los fractos, hay que propender hacia el Afuera-de-la-vida (que no es otra cosa que su interior) o, asimismo, hacia el plus-de-vida que es la inmaterialidad que la sostiene como un *cuasi-pneuma*, una psiquis que no es más que un modo del cuerpo viviente. En el ser hablante, esta psiquis es la superficie que está entre el cuerpo y la palabra. Se trata del incorporal que es condición de posibilidad de todo cuerpo. Pero Psique es lo Invisible que se deja ver solamente en el carácter efímero de la vida desmultiplicada por los fractos en la pluralidad de los mundos posibles.

[V] Debe admitirse que el punto central fue enunciado por Constantino Kavafis en febrero de 1897: "yo creo que la más selecta es aquella vida que no puede vivirse" (KAVAFIS, 1977: 228). Toda la para-metafísica de la disyunción se concentra en esos versos pues nunca la vida puede alcanzarse a sí misma ni coincidir, por un instante, su forma con su contenido. De allí que el viviente experimente angustia o deseo. Por esta razón, la forma-de-vida no es sino otro nombre de

la homeostasis del Uno, de la Mismidad que coincide consigo misma en su propia insolvencia sustancial.

Al contrario, lo que debe aspirarse es más mucho más ambicioso y fue también enunciado, en un tiempo ya perdido, por un visionario que aún sigue sin ser escuchado: "soy inasible en la inmanencia. Pues habito del mismo modo en los muertos y en los seres que todavía no han nacido" (KLEE, 1960: 7). En efecto, no puede nunca existir una forma-de-vida puesto que la vida no tiene forma y se excede, permanentemente, a sí misma. Carece de contornos espacio-temporales y la acosidad es el régimen de su existencia. De este modo, todo viviente participa ya de su propia postumidad y se nutre de los muertos que lo habitan tanto como preanuncia y testimonia también por los que todavía no han nacido pero que hablan a través suyo.

La disyuntología muestra este carácter profundamente inaferrable de la vida, vale decir, ajeno a todo proceso de información. Ninguna forma puede adjuntarse a una vida simplemente porque la vida, aun la más singular, tiene lugar en simultáneo en una pluralidad de fractos de los que participa de manera ineluctable. Aquello que, desde la perspectiva de la armonía cósmica puede parecer una tragedia existencial o política, esconde el potencial de transformarse en una virtud hasta ahora desconocida si se aceptan los postulados del acosmismo de la para-ontología del *diá-ón*.

[**VI**] En el primer volumen de este políptico hemos propuesto una interpretación del cuento de Franz Kafka titulado "El cazador Gracchus (*Der Jäger Gracchus*)" que, con toda acuidad, ha sido sindicado como el tema central de toda la obra kafkiana (EMRICH, 1958: 13-23). Según nuestra hipótesis avanzada entonces, se hace necesario recurrir a las fuentes de la cábala luriánica para una exégesis propicia del texto. Desde el punto de vista filosófico, además, señalábamos que "el cazador Gracchus constituye algo así como el paradigma de la imposibilidad de morir, puesto que su profunda desgracia está dada por haber perdido ya la capacidad de muerte pero, al mismo tiempo, por estar retenido en un mundo donde la muerte es aún posible. Su horrible destino consiste en ser un superviviente de la muerte, en haber ido más allá de sus fronteras y por ende, en estar condenado a no poder volver a unirse jamás nuevamente ni a la vida que conoce un final, ni tampoco a la desintegración de toda vida que constituye la muerte" (LUDUEÑA ROMANDINI, 2010: 153-154).

Ciertamente, nuestra interpretación versaba, en este punto, sobre un desprendimiento de la teología política ju-

deocristiana acerca de la suerte del Mesías y, por tanto, el texto kafkiano se torna tan inmisericorde como iluminador para mostrar, en todo su espesor, la situación política del fin de *Homo*. De hecho, el cazador Gracchus podría ser asimilado a un espectro de los *homines* extintos luego de la emergencia de los Póstumos.

En este contexto, Juan Cruz Aponiuk ha propuesto, recientemente, una nueva interpretación de cuño agambeniano del cuento kafkiano que estimamos compatible con nuestra hipótesis: "la espectralidad de Gracchus es [...] derecho en el estado de excepción, ni afuera ni adentro de la ley, ni vivo ni muerto, ni de este mundo ni del más allá, navega la barca del rey herido; sin timón y desplazándose con el viento de las regiones de la muerte" (APONIUK, 2020: 156).

A la vista de la para-metafísica desarrollada en este tratado podríamos decir que, desde un punto de vista ontológico, la inasimibilidad que pone en escena el cazador Gracchus constituye, precisamente, una archi-huella de lo que, en el dis-verso resulta imposible de reclamar para el reino del Uno. Ese resto irredento y espectral de *Homo* es la marca misma de la disyunción que afecta la entidad objetiva de aquello que llamamos la realidad y que no es otra cosa que una expresión de la teoría de los fractos.

La disyunción corporizada que constituye el cazador Gracchus sólo podría encontrar una redención en la imposibilidad de la redención, vale decir, asumiendo que, al representar la disyunción por efecto de un desplazamiento histórico-ontológico no deseado en el campo de lo real ante el horror insondable de la Primera Guerra, su bienaventuranza descansaría en abandonar su papel como testimonio ontológico-político de esa misma disyunción. Pero para que ese efecto se produzca, se requeriría que los Novísimos puedan, acaso, rememorar la antiquísima existencia de *Homo* y la crónica vesánica de su desplome en los abismos de la destrucción. Sólo así la amalgama heteróclita de este espectro podría diluirse nuevamente en las zonas fractuales de las cuales el cazador Gracchus es un obstinado exiliado político perteneciente a un mundo milenariamente extinto.

[VII] La diosa egipcia Hator, que los griegos habían asimilado a su Afrodita, estuvo siempre asociada a un culto de embriaguez y abundancia (FRANDSEN, 1989: 95-108). Por ello mismo, aunque sus antiguos misterios nos resultan completamente opacos en su sentido último, podemos saber, sin embargo, que el himno que reza "ven, la de Oro, que se alimenta de música porque el pan de su corazón es la danza"

(DRIOTON, 1927: 25-27, texto nº 328), apunta a una confrontación de los iniciados con la experiencia de la inmortalidad. Ciertamente en la era de los Póstumos, todo aspecto de una inmortalidad ligada al mundo Invisible y que no estuviese anclada en los designios zoopolíticos de los transhumanistas fue abolido. Sin embargo, resulta esencial volver a medirse, filosóficamente, con aquello que los antiguos misterios evocaban pues la disyuntología se propone abordar la inmortalidad en nuevos términos pero con no menor eficacia sobre la determinación de la vida ética de los vivientes en Gaia. El mundo por venir, necesitará, por consiguiente, sus nuevos misterios y sus nuevos iniciados.

Relación ultra-histórica
sobre los motivos y
propósitos del inicio de
los ciclos pandémicos
en la Era de los Póstumos

Los hechos que condujeron a la primer Gran Pandemia Global que asoló al orbe terrestre sellando la aniquilación del antiguo mundo conocido como humano responden, de ahora en más, a la protohistoria de los Póstumos. A pesar del paso de los siglos, los detalles de la crónica objetiva del origen y desarrollo de la pandemia constituyen todavía un adarve impenetrable a pesar de que, de forma unánime, todos los Maestros novísimos la juzgan como uno los episodios decisivos en la aceleración de la Gran Mutación. Los propósitos con los cuales los Póstumos dirigieron el mundo a partir del estallido de la pandemia pueden, en cambio, ser objeto de la indagación de aquello que el historiador Kurt Breysig llamaba la "infrahistoria". *Ad usum* en la antigua filología humana, el cronista siguió el método de no indagar los hechos cuando estos son oscuros sino, más bien, el revés de los hechos con el fin de obtener una grilla de inteligibilidad que logre sortear las especiotas esparcidas para incrementar deliberadamente la confusión generalizada. Al contrario, el cronista ha buscado que los equilibrios queden establecidos de la manera lo más exacta posible aun si el lector deberá ser indulgente con la fragilidad que habrá implicado para aquel cronista el tener que vérselas con una mutación a escala planetaria en pleno curso. No hay duda, con todo, de que la ciudadela humana resultó abatida y si hubo quien reclamó la necesidad de una ciencia del descontento, entendemos que ese tiempo de opresión era el indicado para seguir esos pasos que, una vez más, culminaron en un pavoroso equívoco histórico. Respecto de la crónica en cuanto tal, la misma se detiene abruptamente en la fecha de febrero de 2021. Se desconoce si la obra fue abandonada, si su autor se perdió en las urdimbres de la historia o si la crónica nos ha llegado en una variante incompleta.

ULTRA-FILOSOFÍA DE LA HISTORIA.

LAS CRÓNICAS PANDÉMICAS

[I]   Legitimidad teológico-política de los tiempos póstumos

30 de marzo de 2020

Un signo incontrovertible del Nuevo Eón es la evidente constatación de que el Papa de la Iglesia Católica Romana no cree en Dios. Líder espiritual de una de las más antiguas formas del cristianismo en Occidente, el Papa así como toda la jerarquía eclesiástica (exceptuando, desde luego, determinadas órdenes, especialmente femeninas), han decidido declinar cualquier acción que, en el pasado, hubiese sido un deber de la fe: el cuidado de los enfermos, la exposición a los peligros de la ayuda al prójimo encomendándose a Dios, la asistencia a los prelados, el consuelo personal de los fieles. Ciertamente, esta defección no encuentra su causa en la lasitud, el oportunismo político o la impericia de una institución que había hecho, precisamente, de la administración de la vida terrena una misión evangelizadora. No hay que llamarse a engaño: el Papa y la jerarquía eclesiástica temen, lisa y llanamente, morir por exposición a la peste. Cuando el Papa teme morir, entonces, la prueba de su investidura mesiánica se torna ilegítima y muestra el ocaso absoluto de la *fides*. El Papa, en suma, no cree ya en dogmas tales como la resurrección pues no le permiten la protección espiritual para su pastoral en esta vida de amenaza viral. En un contexto semejante, la implicación se impone: si no cree en los dogmas, entonces, no cree en Dios. No se trata aquí de indagar, empresa condenada al fracaso, en el fuero interior del Sumo Pontífice. Se trata, al contrario, de tomar registro de su praxis. En ese sentido, el Papa actúa *como si* no creyese en Dios. Con eso basta para el propósito de esta argumentación sobre las consecuencias públicas de su acción descreída. Sin esta creencia, la *Ecclesia* universal es un imperio que se derrumba. En consecuencia, esto tiene efectos inmediatos sobre los Estados laicos del mundo. La secularización de la Modernidad apenas puede disimular su origen teológico-político. Pero el colapso de la institución teológica no ha implicado una liberación para el poder terrenal de las influencias de los dogmas heredados. Al contrario, como las instituciones gubernamentales de la Tierra han atado su destino a la matriz teológico-política de la *Ecclesia* universal, el derrumbe arrastra a todos los poderes constituidos hacia la esfera del nihilismo radical. Al mismo tiempo el agotamiento, tal vez provisorio, de la pregnancia fundamental del terrorismo, ha dejado al descubierto que "el Estado como tal es una figura prácticamente obsoleta en

relación a los valores, funciones y misiones que le atribuyó la Modernidad" (ACERBI, 2019: 207). El mundo de los Póstumos, entonces, ya se puede desplegar a escala planetaria sin condicionamientos ni censuras. La lucha por el Nuevo Dominio Universal ha dado comienzo.

[II] Presciencia histórica

¿Tuvo la epidemia un comienzo deliberado? ¿Se trata de un virus por mutación natural o fruto del diseño humano? ¿Los protocolos de los laboratorios chinos fueron vulnerados y, si lo fueron, ocurrió voluntaria o involuntariamente? Esas preguntas son de la más alta relevancia pero es materia para la historiografía futura. ¿Se trata de una exageración sobre la dimensión biomédica del coronavirus? ¿Encubre, en este caso, la epidemiología un plan originario o, quizá, a posteriori de toma por asalto del mundo? La epidemiología y la ciencia política, nuevamente, podrán responder en el futuro. Si tal cosa como un futuro es posible. En este momento, debemos ocuparnos de la *facticidad*: la peste está aquí. Partiremos, entonces, de esa premisa como prudencia metodológica necesaria cuando la pale-ontología histórica carece, en estos momentos, de la distancia temporal y los materiales empíricos para ejecutarse: su archivo no se ha constituido pues se trata de un fenómeno en curso. Con igual prudencia metodológica, habremos de sospechar de todos los discursos de los saberes dominantes acerca de la pandemia. No por el hecho de que consideremos que la epidemia sea falsa sino, precisamente, porque es verdadera. Salvo que si bien es cierto que los poderes pueden mentir con lo falso, menos admitido se halla entre los pensadores de la estrategia el postulado, más sutil, de que la mentira se organiza con la verdad. Aplicando un leve *détournement* a la fórmula psicoanalítica según la cual "el fantasma miente con lo verdadero" (Tarrab, 2017: 55), seguiremos el principio según el cual el Poder miente con lo verdadero. Sólo de este modo podremos comprender las aporías en juego en el Nuevo Orden Mundial que comienza.

Con todo, algunas consideraciones pueden ser hechas sobre la predictibilidad de la pandemia pues este brote ha sido, sin duda, el más anunciado de la Historia Universal. Todos quienes tienen poder en el mundo póstumo lo sabían y no hace falta hacer referencia al peculiar "Evento 201" del año 2019 que, en cierta forma, habla por sí mismo y será probablemente un hito en la historia de la pandemia de COVID-19. La situación ya había sido preanunciada en un informe de los líderes de la biomedicina securitaria global, coincidentemente, también redactado en el año 2019. Allí se establece, con toda claridad, que "patógenos respiratorios de alto impacto (*high-impact respiratory pathogens*), como por ejemplo una cepa especialmente mortífera de influenza (*an especially deadly strain of influenza*), representan riesgos globales particulares en la era moderna" (GPMB, 2019: 27).

El documento admite, sin ambages, que un brote semejante puede deberse a un virus de diseño, a un accidente de laboratorio o un hecho natural. Poco importa ese punto puesto que ante una pandemia semejante "se desestabilizará la seguridad nacional (*national security*) e impactará seriamente en la economía y el comercio globales". A esto se suma el agravante de que "debido a la necesidad de decidir cómo contrarrestar al patógeno, las medidas de seguridad se pondrán en juego limitando la información compartida y fomentando las divisiones sociales" (GPMB, 2019: 15). Como el propio documento lo señala, esta sería la antesala de una auténtica catástrofe global. Como puede apreciarse, los auténticos Poderes de este mundo estaban preparados para la Gran Pandemia. No lo estaban, inversamente, los antiguos y, en buena medida, ingenuos representantes de los poderes terrenales de la Era de *Homo*, vale decir, los gobiernos nacionales y, mucho menos, los habitantes de Gaia, las víctimas propiciatorias de una emergencia sanitaria devenida en programa político global.

[III] Estado de naturaleza

No asistimos, primariamente, a un nuevo episodio de instauración del estado de excepción como regla o norma de la política (AGAMBEN, 2020). Atravesamos un período de peste. La peste trae aparejada consigo el estado de excepción como un elemento inherente. La peste, por primera vez en la historia de Gaia, es global. Se sigue, entonces, un estado de excepción planetario. En consecuencia, la aparición de este último no representa una novedad particular. Su carácter mundial, en cambio, necesita ser considerado escrupulosamente. El episodio histórico conocido como la "peste de Atenas" tuvo lugar como una de las más mortíferas estaciones del fatal ciclo de la guerra peloponesia hacia el 430 a.C. Es posible incluso considerar que la posterior llegada del santuario de Asclepio a la ciudad de Atenas debe ser leído sobre el telón de fondo histórico de la memoria lacerante de la epidemia (KIRCHNER, 1977: inscripción 4960a). El relato histórico más fecundo que tenemos de las modalidades de la

peste y de sus efectos inmediatos sobre las formas de vida de la ciudad de Atenas corresponde a Tucídides.

La peste comenzó en Etiopía y fue recorriendo diversas zonas geográficas hasta entrar en Atenas a través del Pireo. La descripción de Tucídides de la fenomenología social de la plaga sigue un patrón que había sido ya establecido por Homero en la *Ilíada*. Entre los ciudadanos, el efecto fue devastador. Había quienes optaban por abandonar a sus enfermos así como otros morían por el contagio producido en el cuidado de los afectados. La piedad religiosa se quebró debido a que "derrotados por la extensión de la enfermedad, se cansaron de hacer las lamentaciones por los que morían" (TUCÍDIDES, *Historiae*, II, 51). En directa relación con este aspecto, las prácticas de la sepultura se vieron completamente subvertidas:

> Muchos se prestaron a entierros indecorosos ante la falta de lo preciso por los continuos entierros efectuados previamente; unos tras poner su muerto en piras ajenas, anticipándose a los que las habían amontonado, prendían fuego, y otros, mientras ardían otros cadáveres, echaban encima el que llevaban y se marchaban. (TUCÍDIDES, *Historiae*, II, 51, 6).

   Fabián Ludueña Romandini

A este hundimiento de la unidad religiosa de la ciudad le siguió un inexorable colapso absoluto de todas las formas de legitimidad de las instituciones divinas y humanas:

También en los demás aspectos la enfermedad fue para la ciudad el inicio de la anomia (*anomías*) [...] Ni el temor de los dioses ni la ley de los hombres (*theôn dè phóbos he anthrópon nómos*) eran un obstáculo, por juzgar que lo mismo daba ser respetuoso que no, cuando veían que todos perecían por igual y por creer que nadie viviría hasta el juicio para pagar por su delitos sino que ya pendía sobre ellos y estaba decretado un castigo mucho mayor y, antes de que les cayese encima, era natural que disfrutasen algo de la vida. (Tucídides, *Historiae*, II, 53, 4).

La expresión utilizada por Tucídides no deja lugar a duda: la peste precipita a la ciudad en la anomia radical (hedonismo de catástrofe incluido). De hecho, la gran paráfrasis filosófica del relato histórico de Tucídides la proporciona Lucrecio cuando escribe:

Pues ningún peso tenía entonces la religión, ni el poder de los dioses (*nec iam religio diuom nec numina magni prendebantur enim*); el presente dolor era excesivo. No se observaba en la ciudad aquel rito de sepultura con que aquel pueblo solía de antiguo inhumar a sus muertos; andaba todo él sobresaltado, en gran turbación (*perturbatus enim totus trepidabat*), y cada cual enterraba a los suyos como la ocasión le ofrecía. La súbita necesidad y la indigencia indujeron a muchos horrores: algunos colocaban a sus parientes en piras levantadas por otros, con gran griterío, y les aplicaban antorchas, sosteniendo a veces luchas sangrientas antes que abandonar sus cadáveres. (Lucrecio, *De natura rerum*, VI, 1276-1285).

Estos versos, que se encuentran entre los más crudos de la filosofía antigua, presentan un desafío teórico. Aquí la ciudad no es pensada *tanquam dissoluta* sino que, al contrario, se halla histórica y efectivamente diezmada. En Tucídides y Lucrecio, por lo tanto, no hay metalenguaje jurídico que tome en sus manos la excepción soberana puesto que toda soberanía –humana y divina– se corroe hasta desaparecer por completo. No se trata, entonces, de un estado de la ley (como la excepción de su permanencia en suspenso) sino de un estado actual del mundo. Si lo evocamos es porque, evidentemente, resulta parangonable con nuestra situación presente salvo, quizá, en el hecho de que nuestro tiempo no se permitiría ninguna indulgencia masiva ante el Gran Orgón.

En la peste de Atenas como un episodio central de la Guerra del Peloponeso se alcanza un momento en el que todo el andamiaje social toca su grado cero y el derecho tanto humano cuanto divino claudica ante el desastre natural. Entonces, a la despolitización absoluta del mundo humano le sigue la politización absoluta de la naturaleza que sólo habla el lenguaje de la muerte. En este sentido, la zoopolítica comienza por el orden de la naturaleza no-humana que es el primer zócalo con el que debe medirse todo ordenamiento de la comunidad. La apropiación del natural ingobernable y potencialmente mortífero es el primer acto político constitutivo y el gesto zoopolítico no consiste en otra cosa que en construir para la esfera del mundo un ecosistema habitable para el animal humano.

Sin embargo, ninguna comunidad política humana puede constituirse sin tomar plenamente consciencia de su relación co-originaria con la esfera de la *physis* a la que pertenece también de manera inextricable. Por lo tanto, las potencias de lo natural no-humano son una fuerza política primordial que sobredetermina cualquier decisión del mundo de los hombres: si esta dimensión de la naturaleza como agente político de la constitución de la *societas* humana no es tomada verdaderamente en cuenta, las aporías del derecho no dejan de multiplicarse bajo formas que hacen del orden jurídico únicamente un acto de decisión humana sostenido sobre el puro arbitrio del legislador.

No obstante, episodios como la peste de Atenas (que, en tanto irrupción de lo natural devastador, tiene capacidad de constituirse en paradigma para la reflexión teórica) recuerdan que, precisamente, no hay política para los hombres que no se funde en la in-decisión inherente al control de lo no-humano natural. Dicho de otro modo, el decisionismo del derecho no encubre tanto su propia anomia normativa cuanto actúa como ficción que disimula la dimensión política de lo natural que, *in extremis*, no conoce otro *nómos* que la muerte (aun si esta puede actuar como condición de lo viviente, como la biología no cesa de mostrar).

La *anomia* de la peste (o, para el caso, de sus consecuencias), entonces, no es otra cosa que una vuelta al estadio en el que los hombres deben medirse nuevamente con el espacio de la vida y la muerte natural del cual nunca han estado sustraídos sino por los medios técnicos de un derecho que obtura esta confrontación originaria bajo la forma de un orden tan necesario como sordo respecto de las circunstancias que actúan como suelo impenetrable de todo su andamiaje teórico. Por ello, cuando todas las ficciones y todas la

   Fabián Ludueña Romandini

metáforas del derecho caducan, tiene lugar lo que, entre los modernos, Hobbes ha tematizado bajo el nombre de "estado de naturaleza" que, lejos de ser un "mitologema" como a veces ha sido sugerido, constituye una de las intuiciones más profundas de la filosofía moderna acerca de los alcances de la política.

[IV] La epidemia como laboratorio de ingeniería social

Cuando un filósofo recibe demasiada atención por parte del mundo académico, en general, tiene lugar un proceso de canonización laica que encubre el acceso al sentido de sus propósitos. Es el caso actual de la obra de Michel Foucault. Algunos, no carentes de una sospechosa precipitación que sólo parece reflejar opiniones precedentes que no se atrevían a formularse, creyeron oportuno denostarlo en medio de la peste global. Este hecho debe ser tomado como un signo palmario del final irremediable del ideal de Revolución (por otra parte ya admitido por el propio Foucault) que alguna vez animó, de manera intermitente o incluso tibia o descarriada aunque siempre persistente, al siglo XX.

En el año 1976, Foucault publica su libro *Vigilar y Castigar*. Haciendo uso de los archivos militares de Vincennes del siglo XVIII, el filósofo da cuenta de las medidas que debían

tomarse entonces cuando el flagelo de la peste azotaba a una ciudad: gran encierro, encauzamiento de la conducta, vigilancia, delaciones, redistribución del sentido de lo normal y lo anormal, instalación del exilio-clausura. El "miedo a la peste", puntualiza Foucault, permite esta completa metamorfosis social. Nada nuevo, señalaba el filósofo, pues se trata de "todos los mecanismos de poder que, todavía en la actualidad, se disponen en torno a lo anormal". Vale la pena una cita *in extenso*:

> En un caso, una situación de excepción: contra un mal extraordinario, el poder se alza; se hace por doquier presente y visible; inventa engranajes nuevos (*rouages nouveaux*); compartimenta, inmoviliza, reticula; construye por un tiempo lo que es a la vez la contra-ciudad y la sociedad perfecta; impone un funcionamiento ideal, pero que se reduce a fin de cuentas, como el mal que combate, al dualismo simple vida-muerte: lo que se mueve lleva a la muerte, y se mata lo que se mueve. (Foucault, 1976: 206).

Nada nuevo, podría decirse también ahora. Pero no sería una afirmación correcta. Cierto: los sueños de la contra-ciudad que la peste estimula son perseguidos con ahínco y celebrados por doquier en los *mass media* y las redes sociales; los dualismos simples entre la vida y la muerte se expresan en otras nociones más adaptadas a los tiempos que corren o a las capacidades de los administradores. Sin embargo, la escala de los acontecimientos cambia sustancialmente el propósito. Con todo, se impone en primer lugar una clarificación: Foucault no niega la realidad biológica de la peste ni pone en cuestión la eficacia de los métodos para su erradicación (sería irrisorio creer que esa sería su posición, habida cuenta de su palmaria erudición en la historia de la medicina).

Señala algo diferente, vale decir, el precio que toda decisión política conlleva pues la vida misma es una forma del poder y la voluntad de poder no cesa en tiempos de la peste. Al contrario, curar la peste significa asumir las consecuencias inevitables de la voluntad de poder. La eficacia ganada en la lucha contra la peste ha significado, entonces, que los ingenieros sociales aplicaran su tecnopolítica para rediseñar todo el tejido social: se asentaron, en aquel entonces, las bases de la posteriormente disuelta sociedad disciplinaria.

De allí que ahora deberemos pagar otro precio, salvo que muchísimo más alto pues la escala de los hechos nos coloca ante el dilema de lo inevitable: el combate contra la peste implica que las medidas de su control no están exentas del ejercicio del poder. Y el poder tiene predilección por la experimentación social. Para vivir, para curarnos, será necesario aceptar el más grande experimento de la Historia: la reconfiguración omnicomprensiva de todo el zócalo civilizacional del orbe terrestre según parámetros que muy pocos conocen y, en el fondo, nadie controla. La radiografía de este nuevo Eón marca el triunfo de los Póstumos y el final definitivo de la era de *Homo*. Le emergencia de un Nuevo Orden Mundial resulta ineluctable como precio a pagar para salvarnos de la peste. No es una alternativa sino una conjunción: no puede pedirse la una sin aceptar la otra. El reino de los Póstumos no necesitó de la peste para manifestarse pues hace tiempo que nació, inadvertido. Sin embargo, la peste dará un impulso irrefrenable a su instauración. Nada será lo mismo cuando estemos curados y los muertos incinerados (nadie sabe cuando escribo estas líneas, por otra parte, de qué lado quedará en ese binomio): nuestros cuerpos y nuestras sexualidades, los modos de producción y las formas de vida. La tradición política tenía un nombre para una mutación de esta escala que nadie (o muy pocos) hoy se anima a mencionar: Apocalipsis.

[V] Apocalipsis: el oráculo del *Katéchon*

Una obstinación contemporánea, de raigambre iluminista, impide comprender que el Apocalipsis, además del fin de los tiempos, marca un fenómeno teológico-político. Ahora bien, los apocalipsis se han sucedido a lo largo de la historia: el final de las civilizaciones antiguas, el advenimiento del cristianismo, las Revoluciones modernas que arrasaron el ecosistema económico-cultural del mundo medieval. Ahora, nuevamente, otro caso. Salvo que la mayúscula se justifica hoy más que nunca: estamos ante el Apocalipsis pues la tecno-mutación se mide en la escala planetaria.

Un singular malentendido se cierne sobre el nombre Apocalipsis, actualmente sospechado por la filosofía. En efecto, la incomprensión de la tradición apocalíptica es otro signo del declive de la política en el mundo contemporáneo. Hecho que debe ser lamentado pues el vocablo pertenece a la gramática política de Occidente y marca el fin y el comienzo de las cesuras civilizacionales. No implica inacción sino que sus modalidades pertenecen al acervo más conspicuo de la acción: el marxismo, finalmente, puede ser visto como una forma de apocalíptica secularizada.

Como una esclarecida pluma del siglo XX ha podido escribir: "si revolución significa contraponer a la totalidad del mundo una nueva totalidad que, siendo igualmente abarcativa, a saber, en los fundamentos, lo vuelve a fundar y lo niega, entonces la apocalíptica es esencialmente revolucionaria" (Taubes, 2010: 29). El Apocalipsis contemporáneo no constituye, tampoco, una Restauración conservadora como se pregona en el Periódico por parte de ciertas voces con justicia alarmadas. Más bien se trata de una nueva Gran Mutación, la más grande que haya conocido la Historia de los vivientes humanos de Gaia desde los tiempos del Paleolítico y que supone el advenimiento del Reino de los Póstumos que habrán de cambiar, para siempre, la faz del Orbe. A juzgar por lo visto hasta ahora, los horrores sólo han comenzado. En las palabras de la teología mística del antiguo Occidente: el *Katéchon*, finalmente, ha sido levantado.

[VI] El virus del Lenguaje y el Lenguaje como virus

La epidemia es la modalidad biológica de una Pandemia del Lenguaje. El SARS-CoV-2 tiene su correlato en el virus que afecta el Lenguaje y lo empuja hacia el final de la metafísica. Es una afección reciente para los seres hablantes: no es parte de la genética histórica del Lenguaje sino el resultado de las elecciones de quienes han decidido claudicar de (o propiciar, con firme propósito, la pérdida de) todo destino de libertad para los habitantes de Gaia. Los cuasi-trascendentales de la Modernidad de los que hablaba Foucault, esto es, Vida, Trabajo y Lenguaje son, precisamente, el objeto de la Gran Mutación hacia el Nuevo Eón. En el fondo, la zoopolítica tiene un carácter accidental en la espesura de la transición y en el carácter sustancial de los cambios: se trata, nada más y nada menos, que del ascenso de Omega, vale decir, del Anti-número y de la digitalización universal como nuevo Todo. No se trata, pues, únicamente de una tanatopolítica sino que, al contrario, se delinea en el horizonte la Anti-vida, algo que está más allá de cualquier comprensión categorial propia del gran Sistema de la Metafísica cuyos fundamentos han sido reducidos a escombros en todos los rincones del planeta con la intención de que ya ningún ser hablante sea capaz de emitir el pronombre "yo" como marca de singularidad inasimilable. La Liturgia Algorítmica no admite más que la inclusión sin resto: la Universalidad será ahora el Absoluto anti-metafísico jamás alcanzado antes. Omega es el nuevo dios escondido que rige los destinos de mortales e inmortales cuando todo *Nachleben* del mundo pretérito ha logrado, finalmente, ser detenido y expulsado de la rueda del Tiempo.

[VII] La aporía existencial vida-muerte

Los Amos del mundo, sus voceros, representantes y adláteres del más diverso tipo pretenden presentar un chantaje bajo la forma de una causa noble: o la cuarentena o la muerte, el confinamiento en vida o la muerte en libertad. Se trata, indudablemente, del neo-gnosticismo contemporáneo del iatro-poder para quien los Arcontes de este mundo tienen como objetivo la vida atrapada en los cuerpos que debe ser salvada a todo precio, incluso al precio de sí misma. No hay duda de que estos Amos instruidos conocen a la masa que todos conformamos y la estiman permeada por el discurso hipermoderno. Otrora, tal vez el mayor número habría elegido la libertad aun a riesgo de la propia vida. Entiéndase bien: la opción es inevitable y esa es la tragedia insoslayable de nuestra condición. Los Amos del mundo lo saben perfectamente pero pretenden manipular la respuesta. Ellos declaran hacerlo en función de la vida.

Todo cuanto emprenden, no obstante, habilita la duda pues, mientras salvan algunas vidas de hoy (¿quién podría juzgar mezquino o estar en desacuerdo con tan alto propósito?), preparan las catástrofes y los sacrificios de mañana. No falta quien, con la honestidad brutal del poder, propone utilizar sin dilaciones la pandemia como un arma de limpieza étnica. El sueño de muchos sería la producción de una Hecatombe *natural* que librara de toda culpa a los criminales que lo desean para purificar la sociedad de aquellos seres vivientes que ellos estiman deberían ser eliminados.

En realidad, los Amos más avezados no buscan otro objetivo que lograr que los seres hablantes, exhaustos, pronuncien por su propia voluntad las palabras de la desesperación última: "¡Vengan sueño y muerte! Ustedes que no prometen nada pero lo cumplen todo" (Kierkegaard, 1901-1906: 52). El chantaje, por cierto, no puede desactivarse optando simplemente por la vida en lugar de la muerte. La opción de una crítica del par vida-muerte es una tarea de la máxima relevancia pero pedante o inoportuna para quien enfrenta un riesgo de muerte inminente. Los seres hablantes tendremos que aceptar que, o bien establecemos por nuestra propia cuenta (tanto colectiva como individualmente) cómo querremos vivir la tragedia humana de la muerte (o, por caso, de la vida) o bien otros lo harán por nosotros.

En los términos de Kant, o bien los seres hablantes abandonan su infancia histórica perpetua (donde no anida ninguna inocencia originaria) o bien la esclavitud en vida aguarda a la vuelta de la esquina. Salvo que la infancia no se abandona sino como desgarro y tragedia. Es una mala noticia para

los sueños de felicidad de los habitantes del milenio presente. Quizá ha llegado la hora de que la filosofía salga de su exilio, aletargado y voluntario, en los campus de las universidades mundiales y vuelva a levantar la voz para recordar, de una vez, cuáles son los problemas insoslayables de la existencia en este mundo. Sin falsas concesiones, sin vanas promesas, sin optimismos insolventes ni pesimismos al uso de los holgazanes. En suma, sin olvidar el compromiso inaugural de la filosofía con las formas de la verdad pues la antifilosofía *puede* pero no *debe* prevalecer.

[VIII] Burocracia total

Libanio, en la hora de la agonía del mundo antiguo, se preguntó "¿podría un hombre recorrer nuevamente los caminos de la vida, tras haber enterrado a un amigo tras otro, sabiendo que sólo conserva intactos cuantos bienes posee? (Libanio, *Orationes*, VII, 10)". Nuestra pregunta actual es aun más acuciante pues, luego de pandemia, ni los bienes del mundo (que, de cualquier modo, ya Libanio desestimaba) quedarán en pié. Ni el Bien, ni los bienes, ni la amistad. ¿Acaso estamos preparados para vivir en un mundo así? Como premonitoriamente escribió Guy Debord en 1971, "las *terribles* decisiones del próximo futuro sólo dejan esta alternativa: o la democracia total o la burocracia total" (Debord, 2004: 92). El decurso de los hechos hasta un momento, como el presente, en el que el ideal de Revolución parece ineluctablemente fenecido y donde no se avizora ninguna otra transformación diferente pero utópica del mundo, hace temer que la segunda opción será la que elijan los Póstumos. ¿Alguien se atreverá a desafiarlos? Y, si la respuesta fuera afirmativa, ¿existe la menor posibilidad frente a ellos? Una nueva gigantomaquia de la Historia ha comenzado, ahora sí, quizá como última oportunidad. Aun si todo se perdiera, sería deseable que los filósofos no asuman un papel indecoroso en la contienda.

[IX] Esclarecimiento sobre la fe y la teología

Vale aclarar que las afirmaciones aquí vertidas sobre la fe de las jerarquías eclesiásticas no se extienden a la fe de los creyentes. La distinción cuenta. Del mismo modo, las exhortaciones que existen en el texto hacia un despertar de la filosofía también conciernen, a modo de opinión en este caso, a la teología sobre la que cabe depositar esperanzas. La filosofía es, en los usos de este libro, el nombre, azaroso, de un conjunto al que todo saber puede sumarse si está de acuerdo con la premisa de no ceder a la propuesta de mundo *futuro* que avanzan los Póstumos. La propuesta de mun-

do no es equivalente a opiniones o recomendaciones sobre el tratamiento de la pandemia actual. Sobre esta última y cómo debería afrontarse, otros pensadores en el mundo (¿es necesario mencionar que también respetables médicos?) han manifestado ya esclarecidos comentarios en un escenario que, se sabe cabalmente, varía de manera veloz en los tiempos de la hiper-ciencia. Esta distinción también cuenta.

[X] Los ritos funerarios

29 de abril de 2020.

Armando Ginés Ludueña, in memoriam

Durante los años 1938 y 1939, Simone Weil compuso uno de los textos más lúcidos que el pensamiento del siglo pasado haya pergeñado sobre el poema épico de la *Ilíada*. Una de las tesis allí establecida consistía en mostrar cómo, cuando la violencia se ejerce hasta sus últimas consecuencias, un hombre puede ser transformado en una cosa, vale decir, un cadáver. Con todo, cabe añadir a los dichos de Weil que precisamente ese sentimiento, intuido por los griegos, los llevaba a otorgar a los rituales de sepultura la más alta minucia civilizacional de la que fueron capaces. Es cierto que, en contraposición, los griegos conocían el infortunio siniestro de los cadáveres de los *apotetumpanisménoi* que sufrían la pena jurídica de ser arrojados sin sepultura. Son precisamente este tipo de cadáveres (*nekroùs*) los que causaron el horror a Leoncio, el hijo de Aglayón, cuando los observó en Atenas (Platón, *República*, 439e).

Sobre esta tela de fondo, puede comprenderse que la *Ilíada*, como archi-texto de la antropotecnia en la Era de *Homo*, haya consagrado la importancia de la sepultura de los cadáveres como una ley divina y humana inquebrantable para la convivencia entre los hombres y el sostén del mundo. El episodio más desgarrador, desde luego, son los funerales que permite Aquiles una vez que entrega el cuerpo de Héctor muerto en combate. Como le recuerda a Aquiles su propia madre Tetis, la negativa del héroe griego de entregar el cadáver del troyano a "la tierra sorda deshonra (*kophèn gaîan aeikízei*)" (Homero, *Ilíada*, XXIV, 54). Luego persuadido, el propio Aquiles recomienda al rey Príamo que no haya "dilación en el rescate del cadáver (*anáblesis lúsios nekroîo*)" (Homero, *Ilíada*, XXIV, 655), a los fines de que las exequias puedan llevarse adelante según los rigores del ritual divino. De tanta importancia era para los griegos este episodio que sabemos, por lo menos, de una tragedia perdida de Esquilo que lleva-

ba por título *El rescate de Héctor* (Nauck, 1889: 85, fr. 266), título que sería replicado entre los latinos por Quinto Ennio.

Como sucede actualmente, durante la pandemia de COVID-19, no es la primera vez en la historia que se han dejado muertos sin sepultura. Tampoco, si las comparaciones tienen algún sentido en este terreno, ha sido la ejemplificación más atroz si es puesta en relación con conocidas maquinarias de muerte y holocaustos. Sin embargo, la sinonimia no existe en la Historia y se impone, entonces, una diferencia. El experimento a cielo abierto que supone el sistema de la cuarentena mundial produce muertos sin sepultura en nombre de principios supuestamente edificantes. Los ministros de los poderes escondidos dicen actuar en pos de la vida: como lema se antoja insuperable en su nobleza. Sin embargo, nada hay más ambiguo en su significación que el concepto de vida. Hay que afinar la escala de observación cuando el enunciado es proferido desde el Poder y preguntarse, ¿qué tipo de vida se está mentando? ¿Con qué alcances? ¿Con qué formas de vivencia cotidiana? ¿Con qué relaciones con los fundamentos éticos del bien? Y, cuando surgen esas inquietudes, un camino recomendable para desentrañar lo que los nuevos poderosos del mundo entienden por "vida" es interrogarse qué hacen las sociedades con sus muertos.

En nuestro presente, el COVID-19 ha habilitado la existencia de muertos sin sepultura, de cadáveres quemados, de ritos fúnebres ultrajados, en suma, la desintegración en nombre de la vida planetaria (insisto, ¿qué tipo de vida se busca instaurar?) de todo el zócalo civilizacional que, desde el Paleolítico, ha regido la relación entre los vivos y los muertos. Los muertos no son solamente transformados en cosas, como señalaba agudamente Simone Weil. Se quiere dar el paso temerario de erradicar la muerte con la evacuación de los muertos, con la destrucción y el abandono de los cadáveres. Cuando se observe con atención cómo se tratan los cadáveres de hoy, se podrá dilucidar el destino que les espera a los cuerpos vivos en el mundo de mañana que propugnan los Póstumos. *Mors ultima linea rerum est*, algunos recordarán. Que nadie se llame a engaño: los Insepultos no descansarán en paz, todavía no han dicho su última palabra y estarán presentes en el día del Juicio.

[XI] Revolución viral

11 de mayo de 2020.

Las diversas fases de salida de una cuarentena que está llamada a perpetuarse en paradigma de la existencia social futura, va develando algunas concepciones que el Poder tiene sobre la pandemia del COVID-19: no considera que los efectos de morbilidad, finalmente, sean tan severos ni que el virus sea particularmente agresivo así como tampoco el más contagioso de los que existen en circulación. En definitiva, se argumenta sobre todo la necesidad de no hacer colapsar los sistemas de salud. Más allá de vagas elucubraciones, no se dan fundamentos científicos para la cuarentena paradigmática sino que, más bien, se la expresa abiertamente como un deseo de los nuevos Amos.

Lo cierto es que en esta pandemia ha tenido lugar un desafío inédito por su escala planetaria: un microorganismo suspendido entre lo biótico y la abiótico sobre cuya biofisionomía los especialistas no son capaces de pronunciarse con entera claridad pues, según la paleovirología, los virus remontan probablemente a una rama desconocida del árbol de la vida (quizá un ancestro común de los dominios *Archaea, Bacteria* y *Eukarya*), ha colocado un límite, un freno lapidario, a la expansión del capitalismo en su ansia de tecnificar por completo el ecosistema terrestre. La Naturaleza, en ese sentido, se reveló portadora de ominosos presagios pues se volvió nuevamente hostil, impermeable a los deseos bienpensantes de quienes pretendían domarla. Al contrario,

   Fabián Ludueña Romandini

Gaia mostró que, con una mínima proporción de biorecursos, puede hacer peligrar el sistema mundial en su totalidad sin importarle ninguna supuesta primacía ontológica del *Homo sapiens* en la esfera de la vida.

Esta situación no puede sino evocar una de las últimas cimas del mundo de *Homo* cuando Tobler escribió bajo inspiración de Goethe (KISTLER, 1954: 383) un incandescente fragmento, abrevado en fuentes órficas, que rezaba respecto de la naturaleza: "ella me ha puesto en la vida, de la cual también me quitará. A ella me confío, que disponga ella de mí" (TOBLER In: GOETHE, 1966: 48). ¿Quién de entre los Póstumos osaría hacer suya semejante afirmación? Nadie pretende ya entregarse a la naturaleza y, mucho menos, esperar que ella disponga de los vivientes. Al contrario, se pretende hacer frente al desafío del virus con la fraseología política y las acciones de una "guerra" contra la *physis*.

La naturaleza, con todo, parece más que dispuesta a responder con artimañas inesperadas hasta para los propios Póstumos. Otrora Marx hablaba de la "clase revolucionaria (*der revolutionären Klasse*)" (MARX, 1959: 470). Con el paso del tiempo, la fatiga de los fracasos sucesivos y los refinamientos conceptuales llevaron a contemplar un vocabulario más límpido: se acuñó el término "sujeto revolucionario" y se lo

ha buscado cual Santo Grial de la política. Pues bien, es posible sostener, con un poco de ironía histórica, que esta vez el SARS-CoV-2 se ha transformado en el primer sujeto revolucionario no humano de la historia global de los Póstumos. Cuando ya ningún ser hablante creía en el ideal de la Revolución, un virus se transformó en sujeto de una revolución instantánea que paralizó todos los resortes de la economía mundial, hizo colapsar las democracias occidentales para transformarlas en estados de excepción, sembró el fantasma de la extinción de la especie y detuvo el funcionamiento de la esfera pública y toda la maquinaria de la producción global de mercancías. Por unas semanas, los cielos de las grandes capitales brillaron con menos contaminación y un aire de alivio recorrió las calles desiertas de las ciudades abandonadas y recuperadas, no debe sorprendernos, por algunas otras especies animales que retornaban a los sitios de donde habían sido exiliadas.

Cuando nadie creía en ella, un virus logró un conato de Revolución nada despreciable. Su especificidad consistió, además, en la disolución social que llevó a los agrupamientos políticos planetarios a una especie de retorno al estado de naturaleza bajo la forma del *oikos* como prisión (cuarentena). No tanto, entonces, un estado de naturaleza como guerra de todos contra todos sino de todos contra el virus (a los efectos biológicos, un microorganismo contra el cual es necesario producir una vacuna pero, a los efectos políticos, un ente en última instancia imaginario). Casi sin vida, sin conciencia ni voluntad, un virus se transformó en el único sujeto revolucionario posible para una sociedad que no cree más en las revoluciones.

Este estado de naturaleza produjo, consecuentemente, la necesidad de un nuevo Pacto Social Global basado, como no podía ser de otra manera, en el miedo a la pérdida de la vida biológica. Los Póstumos dieron su aquiescencia con rapidez y determinación. Se están, por estas horas, poniendo los cimientos del Nuevo Orden. Para decirlo sencillamente: en ese contractualismo póstumo no habrá lugar para lo que, hasta la Era precedente, se conocía bajo el nombre de libertad. Vale decir, el nuevo Pacto ha eliminado de sus cláusulas a la política tal y como esta había sentido entendida hasta ahora.

Podría decirse, entonces, que la respuesta de los Amos del Mundo ante la revolución viral del ecosistema sociopolítico del Capital no ha sido, hablando con propiedad, ni una contrarrevolución ni una restauración. Al contrario, han aprovechado la ocasión para realizar algo mucho más am-

bicioso: una Instauración. El nuevo Leviatán nacido del Pacto de los Póstumos no será un Estado sino una subversión completa de las formas-de-vida y de las relaciones económicas, políticas, sexuales, vivenciales hasta ahora conocidas. El acuerdo está sellado y, por ahora, la guerra civil mundial que probablemente no se detendrá, será un desafío insuficiente para detener el Universal Póstumo que no parece tener más que una oposición fragmentaria para la que se reserva la pretensión de su asimilación o de su aniquilamiento.

[XII] Las estadísticas del Pacto Tanático

Es necesaria una reflexión. Tanto los partidarios del Nuevo Orden Mundial en gestación progresiva como quienes se oponen a él desde cualquier ámbito del pensamiento, tienen un rasgo en común: han hecho de la estadística la *episteme* suprema de nuestro tiempo. Se ha instalado así un pseudo-debate sobre el número de muertos causados por el COVID-19: ¿cuántos muertos son necesarios para considerar el episodio epidemiológico como una pandemia? ¿Cuántos muertos justifican la detención de la vida económico-política y la cuarentena planetaria? ¿Cuántos muertos deben escandalizarnos o, al contrario, hacernos temer? Todas las posiciones doctrinarias tienen sus cifras y su epistemología implícita o explícita, suficiente o deficitaria. Resulta instructiva, particularmente, la opinión de quienes están en contra de la cuarentena planetaria. Esgrimen, finalmente, que los muertos no son suficientes pues no sería su número, aproximativamente, mayor que el de los años anteriores en condiciones similares respecto de enfermedades comparables. Un razonamiento estadístico, por cierto, muy atendible. Sin embargo, el problema es la estadística misma a la que han sucumbido aun los espíritus más lúcidos.

A decir verdad, ni una sola muerte debería ser tolerada. En otras palabras, si la filosofía realmente hiciera de la utopía su destino, debería abogar por la siguiente posición: si el virus puede producir la muerte de seres hablantes y su expansión se facilita, precisamente, por el orden tecno-económico-político existente, entonces, ese orden acallado por el virus no debería retornar jamás. Alguna consigna política elemental circuló burlando el discurso de los políticos y gestores de la cuarentena: "no volveremos jamás a la normalidad porque la normalidad es el problema". Si hay filósofos que realmente están en contra del nuevo Pacto Social no deberían argumentar en base a la estadística de muertes para disminuir la importancia epidemiológica del COVID-19. Al contrario, deberían fortalecerse en el virus.

Habría que admitir que ninguna vida humana es sacrificable. En pocas palabras, al Pacto Social Póstumo hay que oponer la utopía de que la vida de un solo ser hablante puesta en riesgo por la maquinaria del mundo basta para poner en entredicho semejante contrato y llamar a su abolición en nombre de una vida que supere el nihilismo universal reinante.

[XIII] Universidad

18 de mayo de 2020.

La pandemia ha trastocado una institución que goza de prestigio en el mercado mundial de los saberes: la universidad. Ciertamente, una profunda reformulación de sus funciones (no así de su naturaleza) estaba en curso en las últimas décadas y la "era de la literalidad" diagnosticada por Hernán Borisonik no ha sido precisamente ajena en dicha metamorfosis (BORISONIK, 2017). La pandemia, no obstante, ha precipitado algunos de esos cambios eludiendo oposiciones y eventuales rebeldías. Se asiste a una celebración, resignada o ferviente según los casos, de la reconversión masiva de la enseñanza en profusión de contenidos virtuales. El cambio tecnológico señala un pase de manos, menos evidente, respecto de los nuevos intereses a los que se ajusta la universidad mundial. La universidad como medio de transmisión de saberes técnicos particulares no está ya al servicio de lo que alguna vez había sido la burguesía ilustrada en sus diversas acepciones sino que su nuevo dueño es la élite tecno-poiética planetaria deseosa de la producción en masa de títulos habilitantes para el mercado del empleo (no así del trabajo, entidad ya fenecida) en detrimento de cualquier consideración sobre el sentido de los saberes de tal modo producidos. Ahora bien, precisamente el conflicto por el sentido de los saberes universitarios había sido uno de los pilares de la alianza, transitoria, entre el Humanismo y la universidad. Es posible, en consecuencia, dar por concluida la Gran Alianza entre *Homo* y el saber universitario sellando así el final del humanismo académico.

Resulta admisible postular que la universidad humanista se asentó sobre una triplicidad:

a) el *actus docendi* (acto de instrucción)
b) el *status magisterii* (estatuto del profesor)
c) el *locus docendi* (lugar de instrucción)

El *actus docendi* estaba llamado a producirse como instrucción de un saber que, detentado por el *status magisterii*

del profesor, resultaba imposible, en definitiva, de enunciar dos veces del mismo modo ante los mismos estudiantes (correlato intrínseco del profesor). En cierta forma, cada acto de instrucción era un *unicum*: la clase magistral como acto irrepetible y ritual de celebración del saber consagrado constituyó su acmé. Ciertamente, el *locus docendi* del aula material determinaba la necesidad, a la vez, del agrupamiento de los cuerpos y la ocupación de un espacio físico de transmisión del saber inmaterial. No había, entonces, universidad sin elevación del saber como inspiración no homologable, sin un profesor entendido como la autoridad de un saber no sustituible por el de otro colega y de la presencia del cuerpo en el espacio como garante mismo de la transmisibilidad de los saberes mediante el lenguaje vivo.

Si estas eran las pautas implícitas de la universidad humanista, el final de la Gran Alianza supone su alteración. Es posible constatar punto por punto el volavérunt de la triplicidad humanista y su relevo por su contrapartida póstuma. El lugar del *actus docendi* no es ahora la forma-clase sino el tutorial de contenidos homologables. Ergo, se torna innecesario el *status magisterii* pues los profesores son reemplazables por enseñantes (por ahora vivos pero no es inconcebible que, como ya señaló Rodrigo Ottonello, puedan ser también cibernetizados en un futuro cercano). Los estudiantes, por su parte, mutan en consumidores de tutoriales online en una temporalidad educativa no definida por los rituales institucionales de la presencia. Finalmente, el peso del cuerpo en el espacio material como agrupamiento socio-político se torna ingrávido y afectado de obsolescencia. La desagregación del espacio funda un nuevo lazo: virtual pero distante, vale decir, agregación sin cohesión o, dicho en otros términos, conexión sin comunidad. Podemos tomar un ejemplo que no intenta ser una *boutade* sino la asunción de las consecuencias precedentes. En los últimos tiempos, se han tomado multiplicados recaudos para la edición de los cursos de distintos filósofos del siglo XX. Quedémonos con el caso de los cursos de Michel Foucault en el *Collège de France*. No es inoportuno recordar que Foucault no deseaba, según su testamento, esa publicación (a pesar de que, por supuesto, han surgido los testimonios que pretenden matizar las voluntades para legitimar la práctica). Como sea, los cursos han sido editados en su totalidad. Más aun, es razonable sostener que quien los lea junto con los eruditos aparatos críticos con los que han sido enriquecidos podría, con toda justicia, señalar que su saber aprendido es superior al de cualquier asistente presencial a esos cursos ahora edita-

dos. Si esto fuera cierto, ¿por qué no admitir, entonces, que alguien rinda un examen sobre dichos contenidos y le sean aprobados esos cursos dictados por el propio Foucault? Quizá el futuro próximo otorgue una anuencia a dicha posibilidad al transformar esos cursos en tutoriales post-mortem o *avant la lettre* (como se prefiera). Si hasta ahora un escenario semejante resultaba impensable es porque se asumía que todo curso debía darse en una doble presencia: la del cuerpo vivo del profesor y la del cuerpo vivo del alumno en el espacio físico del aula material. Por esta razón, quien hubiese asistido a esos cursos mientras Foucault estaba vivo, estaría en condiciones de reclamar que fue testigo de una experiencia intransmisible en el texto y que lo aprendido no coincidía tanto con lo efectivamente enunciado por Foucault (y consignado hoy en los textos impresos) sino en la captación inmaterial de lo no dicho entre los cuerpos. En otras palabras: la experiencia inefable del acto de enunciación como instrucción y transmisión corporal de un saber incorpóreo e irreductible a la letra.

A esa experiencia, los Poderes quieren darla por obsoleta, incongrua y falsa. Se propone su inmediato reemplazo por la cibertecnificación de la instrucción. En ese contexto, cabe la siguiente pregunta: ¿qué es una universidad virtual bajo el estado de pandemia? Un conato de respuesta debería comenzar por admitir que, en el contexto actual, se torna explícito que la universidad, hasta ahora, era una ficción jurídica con un correlato indispensable en el agrupamiento material de los cuerpos. Sin embargo en el presente, con los edificios vacíos y con enseñantes y consumidores exiliados en el espacio del *oikos*, ¿qué resta de la universidad? La conclusión se impone: la universidad se reduce a un puro acto de conectividad cibernética en la reclusión del *oikos*. Se distingue de otras conectividades internéticas no tanto por la naturaleza de las informaciones transmitidas cuanto por la consagración jurídica de ciertos tutoriales específicos como parte de un programa sancionado legalmente como portador de un título válido para el ejercicio profesional. La pandemia logró que la universidad mundial pueda funcionar sin profesores, sin estudiantes, sin espacio físico. Pudo refugiarse en su aspecto mínimo trocando definitivamente su naturaleza humanística en puesta a disposición de información en las plataformas (ni siquiera propias de las universidades) que los estatutos universitarios reconocen como su legado comunicacional legítimo.

No se trata tanto, como podría creerse, de una indistinción entre la esfera pública y la privada. De hecho, el colapso

de las ciudades tematizado por Emanuele Coccia, no debería hacernos pensar, sin embargo, en el ocaso del empleo laboral pues el *homeworking* implica una actividad aun mucho mayor y totalizadora (sin amparo jurídico ninguno o bien con legalidades precarias y harto endebles) que el antiguo trabajo presencial. Más bien tiene lugar una paradoja lógica: el *oikos* es público en tanto y en cuanto es privadamente ejercido y es privado en tanto y en cuanto es públicamente puesto a disposición en las grabaciones de tutoriales consultables según una rigurosa selectividad de acceso que es otra de las tareas mínimas que se reserva la administración universitaria. En definitiva, con edificios desertados y con cuerpos ausentes, no existe universidad más que en los ordenadores de tutores y consumidores que, privadamente, transforman su acción en acto público en un ecosistema cibernético seleccionado por las universidades como lugares efímeros de tráfico de información.

Poco importa si esta circunstancia se verá luego contrabalanceada cuando se levanten las cuarentenas de la presente pandemia pues el esquema quedará establecido para las epidemias futuras y, más fundamentalmente aun, la experiencia virtual se transformará en un recurso creciente para toda la universidad mundial incluso cuando se retor-

 Fabián Ludueña Romandini

ne a modos presenciales. En ese sentido, la metamorfosis virtual, bajo eventuales distintas modalidades y matices de presencialidad, seguirá en curso de progresión y se verá estimulada, con toda probabilidad, por las propias universidades como modos alternativos de educación.

La universidad, desde sus comienzos, no ha sido otra cosa que una máquina de transmisión de información técnica en un lenguaje universalista (otrora el latín, ahora el inglés) salvo, como señalamos, en el período de la Gran Alianza, donde las Humanidades pretendieron tomar el cielo del Saber por asalto. Hay que constatar que el fracaso definitivo de la Alianza desmembró a las Humanidades pero no afectó a la universidad. Esta última siempre se ha caracterizado por ser camaleónica y su adaptabilidad no tiene límites pues es un medio técnico y, como tal, se adecua a las transformaciones evolutivas de los entornos comunicacionales. No es inverosímil pensar que la universidad esté actuando como el paradigma de toda relación entre los seres hablantes del futuro que llega. Quizá no es inconcebible que, en esa evolución, una élite futura pretenda instaurar un remanente de clases tradicionales como marca de una educación de privilegio sustraída a las posibilidades de las masas. En cualquier caso, será un problema de competencias en el mercado

pues la transformación de la universidad se medirá no solamente por sus elitismos sino también por sus caracteres masivos. La institución universitaria pudo servir al Universal de *Homo* y ahora, sin beneficio de inventario, ha decidido ponerse al servicio del Universal Póstumo. En el camino, la pandemia querría ser utilizada para traficar, más o menos disimuladamente, el ocaso definitivo de las Humanidades propiciando la extinción de profesores y estudiantes, vale decir, el borramiento de los cuerpos.

[XIV] Scientia sexualis

El discurso sobre la pandemia de COVID-19 ha mutado en los últimos días: se propugna la instalación de la cuarentena como paradigma de toda relación social futura y se ha dejado atrás el fingido optimismo inicial. La caracterización misma del virus sufre variaciones día a día demostrando que la ignorancia puede pasar como investigación científica. Los Amos del mundo vacilan entre el escepticismo y la amenaza para la instauración de un nuevo statu quo planetario. La lacerante objetividad del SARS-CoV-2 no impide que sea utilizado con fines antropotecnológicos sin precedentes por parte de los Póstumos. La sexualidad, ya lo estamos viendo, es un territorio de especial interés para los Amos del mundo. No hay más que recordar (hoy parece necesario tener que hacerlo para evitar otro olvido programado) lo ocurrido y lo que ocurre con el VIH. La pandemia del COVID-19 está afectando y está llamada a afectar todos los aspectos de la vida de los seres hablantes y la sexualidad, lejos de ser un campo aleatorio más, puede ser uno decisivo.

La sexualidad siempre ha sido el objeto de los sueños de *Homo* en la desarticulación de todas las grandes constricciones impuestas por la *physis*. Algunos grandes hitos merecen ser evocados sin ánimo de exhaustividad: disociación del matrimonio y del acto sexual, disociación de la reproductividad y del placer, disociación de la reproductividad y de la sexualidad. Todos estos actos, de inmenso calado histórico, fueron anhelos de emancipación para *Homo*. Los Póstumos no parecen, al contrario, muy proclives a las libertades pero, en cambio, son mucho más feroces en las disociaciones y las prosiguen en una dirección que requerirá una seria meditación futura sobre su dependencia genealógica con las transformaciones de la extinguida Era de *Homo*. Sea como fuere, la pandemia propicia ahora la disociación de la sexualidad como cópula en sentido estricto, es decir, como contacto tacto-fantasmal con otro cuerpo. Sale a la luz, así, el sueño de los Póstumos: diso-

ciar los cuerpos entre sí. En la sexualidad se juega una de las batallas finales de la civilización pues si la sexualidad se torna anacontáctica (sin con-tacto, sin con-otro-cuerpo) no habrá entonces *socius* que no sea virtual. Salvo que sin agrupamientos materiales no hay política y sin sexualidad conjuntiva en lo imaginario no hay propiamente constitución de cuerpos. Nada de lo que deba alguien asombrarse aunque tal vez el resultado sea de estupor: los Póstumos siempre advirtieron que no pretendían el atributo corporal. Transhumanismo es el nombre que porta la secta de los Póstumos que aboga por esa distopía cada día más cercana.

[XV] Acerca de la disputa entre el poder temporal y el poder espiritual

Se propone o se lleva adelante, en distintas partes del mundo, la reapertura de "templos y lugares de culto". Limitaremos nuestras consideraciones a la Iglesia católica pues, como ejemplo, bastará para señalar un punto que estimamos ineludible y que, curiosamente, parece pasar inadvertido para la jerarquía eclesiástica (no así, hay que admitirlo, para todos los fieles). Occidente se ha caracterizado desde hace siglos por la división del Poder en los polos espiritual y temporal. Aun las Revoluciones que dieron un triunfo a los

Estados laicos no aniquilaron ese poder espiritual. En nombre de dicha prevalencia, en efecto, la Iglesia decidió intervenir, a escala global, manifestándose en contra del matrimonio civil homosexual o de la despenalización del aborto. Poco importa cómo le ha ido en esas escaramuzas siendo el hecho determinante que, en nombre del poder espiritual, ha legitimado su intervención sobre el mundo. Sin embargo, la pandemia del COVID-19 ha propiciado que los templos cierren y ninguna voz de autoridad eclesiástica se alzó para protestar sobre la puesta en jaque de la misión espiritual de la Iglesia. De hecho, se registra una significativa transformación histórica con los decretos de excepción que justifican los diversos protocolos sanitarios en el mundo.

Alguien podría sostener que las medidas de excepción ahora requeridas para entrar a un templo no son distintas de las que se piden para ingresar a un supermercado. No obstante, ese hecho habla más de la homogeneización sanitaria que buscan los poderes (sin distinción entre lo sagrado y lo profano) que del hecho religioso mismo (por el cual, dicho sea de paso, no parecen demostrar ninguna piedad). Con todo, el caso se torna diferente si tomamos en cuenta un detalle como la prohibición según la cual no puede haber agua bendita en las fuentes. Tenemos allí una mutación sin precedentes que nos muestra, una vez más, la entrada en

un Nuevo Orden Mundial. El *aqua benedicta*, que cuenta con antecedentes tanto en el judaísmo como en el *aqua lustralis* de la Roma antigua, podía vanagloriarse de poseer una tradición milenaria. Los textos más antiguos del cristianismo resultan reveladores cuando señalan que el agua bendita debe servir para "restaurar la salud, expulsar enfermedades (*nóson apelastikén*), desterrar a los demonios (*daimónon phygadeutikén*) y dispersar todas las trampas por medio de Cristo nuestra esperanza (*Constitutiones Apostolorum*, VIII, 29)".

Un resquebrajamiento se ha producido en el balance entre los poderes espiritual y temporal. La misma Iglesia que hasta antes de la pandemia estimaba necesario intervenir en las legislaciones concernientes a millones de personas en todo el mundo, ahora ha permitido que el poder secular, mediante un decreto jurídico, determine el funcionamiento de su doctrina y su ortopraxis cultual. Pues si se acepta abrir las Iglesias sin agua bendita en las fuentes, se admite la epidemiología que determinó dicha prohibición. Para quienes prohibieron el agua bendita, esta última no es portadora de ningún poder sacro sino, al contrario, se trata de agua común en el mejor de los casos o bien de agua potencialmente contaminante en lo virológico (casi una inversión de agua bendita en agua maldita). Que la Iglesia dé su anuencia, sin la menor discusión, a esta caracterización epidemiológica de sus templos implica que acepta que la naturaleza de su poder sacro sea ahora determinada, legislativamente, por el poder terrenal. Una metamorfosis nunca antes registrada que nos hace entrar de lleno en la Era de los Póstumos, donde todo poder sacramental tradicional declina sus pretensiones dogmático-teológicas ante los nuevos Amos del Mundo.

No creo que debamos reconocer en el caso analizado un ejemplo de la tesis, por demás interesante, de Giorgio Agamben según la cual la Ciencia es la nueva religión de nuestro tiempo. Se trata, en buena medida, de un fenómeno más complejo. Por supuesto, resulta cierto que no faltan elementos religiosos en las más diversas doctrinas políticas y científicas de los Póstumos. Sin embargo, lo que aquí vemos se asemeja mucho más a los propósitos de un catecismo positivista que, finalmente, triunfa en su versión póstuma. Vale decir, la Física Social de Auguste Comte tiene aquí su peso. Baste recordarlo: "considerada mentalmente, la misa católica ofrece, sin duda, un aspecto muy poco satisfactorio, ya que la razón humana no podría ver en ella, a decir verdad, más que una especie de operación mágica, culminada de una pura evocación" (COMTE, 2012: 645).

El positivismo epidemiológico hace a un lado el poder sacro para declararlo, implícitamente, una simple operación mágica sin efecto alguno (pues resulta evidente que no cree en la capacidad sanadora del agua bendita). El positivismo póstumo no es una forma de la ciencia como religión sino un vórtice que absorbe, de manera totalizadora, cada uno de los poderes existentes: religión, ciencia, política, saberes humanísticos de todo tipo para integrarlos en una matriz que se pretende apaciguadora de todas las contradicciones y árbitro incólume de un objetivo supremo: el delineamiento de la Física Social que proveerá a la fabricación de un nuevo mundo donde conceptos tales como religión perderán su sentido hasta ahora conocido para inaugurar un novedoso ciclo histórico. El Sistema del Mundo que se avecina nos está enseñando, poco a poco, días tras día, el vocabulario de su peculiar gramática del Poder. No deben tomarse a la ligera, por tanto, las declaraciones de los administradores del mundo: nada, después de la cuarentena (o de la pandemia), volverá a ser lo mismo.

Nota: esta modesta observación filosófica que no tiene, como se habrá notado, ningún ánimo de polémica anti-religiosa, debería motivar el ánimo de los teólogos de las más diversas confesiones en toda su pluralidad a pronunciarse sobre lo que está ocurriendo en el mundo sin apelar a eufemismos en el caso de que estimen que aún en algo les compete el destino de la sacralidad occidental.

[XVI] Punto de fuga: El *nómos* cosmológico y el destino póstumo de Gaia

28 de mayo de 2020.

La pandemia en curso no puede ser únicamente tomada en cuenta en su coyuntura actual puesto que resulta ahora evidente que *Homo* es una figura histórica altricial. El COVID-19 debe colocarse, si queremos obtener una sensata perspectiva de conjunto, en una *longue durée* que abarque una temporalidad que vaya desde el pasado y se proyecte hacia el futuro. Es preciso ensayar una inteligibilidad, por precaria que sea, del gran proceso en desarrollo. El gesto se torna tanto más necesario cuanto que la Opinión admite ahora, de forma bastante abierta en los más diversos medios internacionales, que los especialistas y los gobiernos del mundo estaban perfectamente al tanto de la segura llegada, más tarde o más temprano, de una pandemia global (y de otras catástrofes que ya están en la agenda de lo previsible en el futuro próximo). Se discute, con fervor, si la falta de acción preventiva ha sido voluntaria o, simplemente, por omisión de eficiencia. No creemos que sea necesario realmente intervenir en esa discusión si se conserva un mínimo recuerdo (vivido o aprendido) de la historia política de la Era de *Homo* y los modos de acción de los poderes de aquel viejo mundo y los de este nuevo.

A modo de paradigma, las universidades, hemos descripto, se han precipitado con ardor hacia las nuevas tecnologías de la enseñanza remota. Ahora bien, ¿se han preguntado los enseñantes sobre las consecuencias que dicho movimiento tendrá para la forma-universidad? Resulta técnicamente posible que un eminente profesor de ciencias exactas que viva en Taiwán y que, por ejemplo, debido a razones cualesquiera, no desee o no pueda viajar a un campus de la *Ivy League*, sea capaz de impartir su seminario virtualmente desde su punto geográfico de ubicación. Del mismo modo, teóricamente, sus alumnos podrían estar individualmente localizados en distintos países del mundo al mismo tiempo. De esta forma, cada uno en sus respectivos refugios desde un hipotético *oikos* inteligente, podrían asistir a una Universidad que se transformaría en una mera gestora del acceso arancelado al *streaming* del seminario (el cual, además, podría quedar grabado como tutorial para futuros alumnos que pagasen una alícuota, quizá menor, para acceder a dicho contenido). El caso puede parecer extremo al momento presente pero, al contrario, nos resulta plausible para el futuro bien cercano. ¿Por qué habría de renunciar una Universidad de élite a tener a su disposición a todos los enseñantes del mundo que desee y a todos los selectos alumnos que reclute alrededor del globo sin que, paradójicamente, ninguno de los involucrados tenga que moverse de su casa?

Las condiciones técnicas están dadas y, por tanto, conviene dar por sentado que sucederá de no mediar alguna acción en contrario que, hoy por hoy, no se vislumbra seriamente en el horizonte. Salvo para casos que puedan requerir alguna mixtura con la práctica, como la experimentación en laboratorios, las instalaciones universitarias podrían ser abandonadas y reducidas al mínimo de sus necesidades de administración telemática de títulos habilitantes legitimados jurídico-económicamente para una élite global. Pueden preverse, entonces, inconmensurables desregulaciones jurídico-pedagógicas y reorientaciones de inversión en el sector educativo para el futuro próximo.

El mundo del trabajo seguirá, en todas las ramas donde sea posible, el mismo camino. Incluso las propias industrias de Silicon Valley podrían dejar desérticos los colosales edificios construidos para el trabajo de sus empleados. Podemos perfectamente figurar un futuro donde el ahora impresionante Apple Park se reconvierta o bien en un parque temático o bien se transforme en una mole arquitectónica abandonada digna del film *Homo Sapiens* de Nikolaus Geyrhalter. Paradójicamente, Silicon Valley podría transformarse, desde el punto de vista arquitectónico, en una de las necrópolis de los últimos sueños humanos vinculados a la arquitectura del trabajo. Una nueva ontología de la ubicuidad avanza, indetenible. Las ubicaciones de los individuos aislados (o aglomerados, según la suerte que les quepa) en el mundo impropiamente denominado físico serán sólo un correlato insustancial de su verdadera localización pues los lugares con fuerza de ley para determinarse como jurídicamente válidos (universidades, empresas, sedes gubernamentales) serán los virtuales. Un lugar virtual será la convergencia programada de direcciones IP en un punto del ciberespacio determinado a los efectos de una acción preestablecida. Lo mismo le sucederá a todo el abanico da la experiencia humana: sexualidad, amistad y relaciones sociales de diverso tipo. A esta Gran Mutación, los Póstumos vienen contribuyendo, de manera silenciosa y progresiva, desde hace más de un siglo. Su momento de éxito ha llegado y su Era despunta el alba.

Esta acumulación originaria de capital digital no puede lograrse sin operaciones de reclusión colectiva programadas. Aparentemente, nadie ha tenido que planearlas con alevosía sino, más bien, permitir que sucedan. La naturaleza, simplemente movida por su propia dinámica, se ha vuelto hostil a los seres hablantes. El borramiento de los ecotonos a favor de la expansión de la producción multipolar de mercancías planetarias, engendra sus propias respuestas virales que hoy atravesamos. Sería poco conducente dudar de la objetividad (o seriedad) del COVID-19 como algunos eminentes filósofos han intentado hacer. Pues aún si este virus particular no fuera (y, sin duda, no es) una amenaza de consideración para la supervivencia de la vida terrestre *in toto*, lo cierto es que se trata tan sólo de la primera ola de muchas pandemias por venir en lo inmediato.

En el *podcast* de Joe Rogan, el tecno-emprendedor y, al mismo tiempo, el hombre más acaudalado del mundo en el año 2020, Elon Musk, ha sostenido que, "frente al sistema que estaba moribundo", el coronavirus ha aportado considerables beneficios higiénicos no sólo sanitarios sino también en la eliminación de burocracias gubernamentales. Estos eventos se presentan como un logro de consideración, sobre todo si tenemos en cuenta que, según Musk, "es probable una [próxima] pandemia con altas tasas de mortalidad entre las personas jóvenes". Como advierte Musk, "es sólo cuestión de tiempo para tener una pandemia de ese tipo" como, por ejemplo, se nos informa (¿o se nos adelanta?) de ébola (aunque, por supuesto, Musk lamenta que tan desgraciado suceso vaya a ocurrir y, de alguna manera, ya nos anticipa sus condolencias).

Por su parte, Edward Snowden, en su entrevista con Shane Smith en *Vice*, ha podido anticipar una serie de olas progresivas, sucesivas y continuas de coronavirus y de otras clases de virus mortales que, a partir de ahora, serán la base objetiva sobre la cual se procederá a la completa transformación del mundo conocido. Lo reiteramos: cuando los gobiernos insisten en que nada será lo mismo después de esta pandemia, no se trata de una broma o de un diagnóstico ligero sino de una predicción que debe tomarse al pié de la letra. De todas maneras, no concordamos con Snowden en el hecho de concluir que esta distopía pretende únicamente un estado de excepción global o la hiperdigitalización vigilante de lo real como objetivo último de los Amos del Mundo (que, con sus guerras civiles actuales, también se juegan su propia primacía como agregados de poder).

Al contrario, uno de los objetivos más acariciados por los Amos del Mundo es el desarrollo inevitable de la *Artificial Intelligence* como medio para lograr "abandonar el hábitat ecosistémico terrestre" por parte de una élite que dejará tras de sí a una "población supernumeraria en perpetuo abandono" (Ludueña Romandini, 2018: 189-190). Muchos creyeron entonces que, cuando se hablaba allí de la "cosmopolítica" como nuevo horizonte de la reflexión filosófica, era una exacerbación teórica. Lo mismo había sido dicho, es cierto, cuando se postuló la hipótesis de la extinción hace ya más de diez años. Sin embargo, hoy la distopía ha ganado el primer plano de la escena. Ocurre entonces volver sobre nuestros pasos y preguntarnos qué sucederá cuando la vida sobre Gaia no tenga lugar sino sobre un ecosistema derruido en su clima y en su zócalo epidemiológico. ¿Qué significa la "digitalización universal" ahora en curso forzoso de aceleración masiva sino un punto de fuga absoluto de cualquier enraizamiento en el territorio, en el cuerpo, en la vida de carbono?

Cuando, fruto de las olas pandémicas y de la asolación del ecosistema de Gaia, la vida de silicio se imponga como la opción primera, no quedará siquiera recuerdo del mundo en que estas palabras están siendo escritas o, ahora, leídas por ti, gentil lector. Nos habremos abismado en el Tiempo. En este sentido, la crisis del COVID-19 y su gestión global abren las puertas de un nuevo destino histórico que probablemente conducirá a un nuevo *nómos* cósmico que, abandonando

nuestro hogar inicial en Gaia, pretenda realizar la toma de la superficie extra-terrestre en una expansión interestelar de la formas de vida que, por entonces, queden en el orbe de este rincón de la galaxia. Es bueno rememorar, en estas horas aciagas, que todo destino histórico puede ser tomado en manos de sus actores o bien dejado al arbitrio de las fuerzas que lo orientan, en la zozobra pero con dirección férrea, hacia el horizonte que no cesan de señalar, con insuperada insistencia, los Póstumos.

[XVII] ¿Fases de salida o fases de ingreso?

4 de junio de 2020.

La encrucijada actual resulta oportuna para un breve pero revelador ejercicio de ultra-historia epidemiológico-ética. El 6 de octubre de 1348, la Facultad de Medicina de la Universidad de París emitió una opinión autorizada sobre las causas de la peste negra a pedido del rey de Francia, Felipe VI. La prognosis no era en lo más mínimo alentadora pues establecía que "aquellos que enfermen de ella no podrán escapar" (Alberth, 2005: 44). En efecto, la gran plaga que arrasó, en el siglo XIV, la vasta geografía euroasiática resultó incomparablemente más mortífera y desoladora que el actual COVID-19 y puede ser considerada también uno de los primeros ejemplos de guerra biotecnológica, pues resultó expandida hacia Europa cuando los tártaros arrojaron, mediante catapultas, cadáveres infectados por encima de los muros de la ciudad de Kaffa. Giovanni Boccaccio, en su *Decamerón*, nos proporciona uno de los testimonios más acuciantes de aquella pestilencia así como una de las reflexiones más lúcidas sobre las respuestas sociales a una desgracia bio-nomo-ecosistémica sin precedentes.

Su relato se ciñe a la ciudad de Florencia que resultó una de las más afectadas por su tasa de mortalidad. Resulta evidente que Boccaccio, a pesar de sus retóricas alusiones a las causas ultraterrenas de la peste, no desconoce que la misma es también el efecto de una combinación de causas en las que el comercio internacional (la primera etapa moderna de la actual globalización) no deja de estar involucrado como medialidad técnica coadyuvante. Ni las cuarentenas, ni la medicina, ni la religión, ni las medidas políticas resultaron entonces propicias. La devastación fue inmisericorde y, por supuesto, el distanciamiento social fue la marca suprema de todo el proceso:

Y eso que no nos detenemos demasiado en señalar que un ciudadano no se preocupaba del otro, y que casi ningún vecino cuidaba de su vecino, y que los familiares del mismo linaje, muy pocas veces, o ninguna, se visitaban y si lo hacían era manteniendo la distancia (*di lontano*); tan grande sería el espanto que esta gran tribulación (*tribulazione*) puso en las entrañas de los hombres y las mujeres, que el hermano abandonaba al hermano, y el tío al sobrino, y la hermana a su hermano, y muchas veces la mujer al marido; y (lo que era más grave y resulta casi increíble) que el padre y la madre evitaban visitar y asistir a sus hijos como si no fuesen suyos. (Boccaccio, *Decamerón*, I, 1956: 9).

Su inigualada acuidad le permitió a Boccaccio comprender inmediatamente el drama desatado por el número inusitado de muertos que condujo a la práctica de las grandísimas fosas comunes donde los cadáveres se enterraban "apretándolos, al modo como las mercancías (*mercatantie*) son metidas en la nave" (Boccaccio, *Decamerón*, I, 1956: 12). La analogía no es casual: en el imperio del comercio internacional global, los cadáveres son un equivalente desacralizado de las cosas y el paradigma de toda "cosa" lo determina la Cosa del mercado, vale decir, la mercancía. La mercancía transportaba la peste y los cadáveres de quienes habían sido sus víctimas no eran sino tratados como mercancías descartables, indignas o imposibilitadas de todo rito sacro o profano.

No todos en la ciudad, sin embargo, estaban dispuestos a ceder al impulso o a la corriente irrefrenable de la destrucción. De allí que, en el relato que pone en escena Boccaccio, diez jóvenes, siete mujeres y tres varones deciden retirarse hacia las colinas de las afueras de Florencia para instalarse durante unos días en un espacio biodiverso con la intención de llevar adelante una respuesta a las tribulaciones inauditas de la peste, pues "con su juventud no habían podido ni la perversidad del tiempo, ni la pérdida de amigos o de parientes, ni el temor" (Boccaccio, *Decamerón*, I, 1956: 18). ¿A qué se dedicaron, entonces, aquellos amigos que la circunstancia había congregado en una especie de "comunidad desobrada"? Su misión no consistió en otra actividad que en el rescate de algunas de las grandes potencias del espíritu humano: el Lenguaje (a través de la narración y la poesía), el Arte (con la música, la danza, la pintura), y el Amor (bajo la forma del modelo cortesano). Ante el pico de la adversidad, estimaron, la Humanidad sólo podía sobrevivir en las formas más diversas de su cultura. No pensaban que el objetivo último de toda acción política contra la peste debiese, únicamente, concentrarse en la preservación de la vida. Sin embargo, no sólo no negaban ese noble propósito sino que, aun más sabiamente que hoy, se propusieron desconfiar de la forma urbana para la preservación de la vida y apostaron, ya entonces, por una descentralización y una salida hacia las zonas poco tocadas por los atestados burgos.

A diferencia de lo que ocurre en nuestro tiempo, se podría decir que aquellos jóvenes estimaron que la salvación de las obras del espíritu humano y los placeres no sólo no era una acción superflua sino que era una tarea urgente y necesaria para la preservación de la vida. La decisión etopoiética que tomaron en el acmé de la desgracia fue apostar por una "estética de la existencia" anclada sobre el buen vivir. No cabe duda de que aquel accionar sería hoy calificado de irresponsable, atroz y hasta digno de la máxima reprobación social y pasible de penalización criminal. ¿Quién se atrevería hoy, por ejemplo, a intentar el equivalente de aquella canción que entonó Fiammetta, desafiando a la muerte? La misma comenzaba así:

S'amor venisse senza gelosia,
io non so donna nata
lieta com'io sarei, e qual vuol sia.

[Si Amor viniese sin provocar celos,
no sabría de Dama alguna
que gozosa como yo estuviere, quienquiera fuese].
(Boccaccio, *Decameron*, X, 9; 1956: 881).

Nadie (o muy pocos), hoy en día, se atrevería a rescatar al Amor como un epicentro gravitacional para la sustentación del ecosistema vivencial de los seres hablantes. Ocurre que, entretanto, la Era de *Homo* ha llegado a su fin y el COVID-19 es la primera Gran Peste Global de la Era de los Póstumos. Y, por tanto, las nuevas reglas son las de los nuevos Amos del Mundo. De esta manera, el Lenguaje se desagrega en información digitalizada viral, el Arte se reconfigura en *infotainment* y el Amor se difumina en el desgarramiento de los cuerpos separados en la incredulidad absoluta de sus propias potencias.

En consecuencia, quizá convenga aclarar los equívocos puesto que, cuando los Poderes nos indican que estamos en "fases de salida" de la cuarentena, en realidad se quiere significar que estamos "ingresando", sin beneficio de inventario, a un Nuevo Mundo, el de los Póstumos, cuyas reglas se están definiendo, en todo caso, como contrarias a todo cuanto los seres hablantes habían estimado hasta hace poco como indispensable para la vida. Algunos conatos de resistencia por estas horas hacen pensar que, afortunadamente, las cosas no serán tan sencillas para los Póstumos. También es cierto que estos últimos han señalado, en sus palabras y acciones, estar dispuestos a llegar hasta las últimas consecuencias para defender la Gran Mutación. Con todo, la lección de Boccaccio permanece: la respuesta a la pandemia, en última instancia, no será médica (aunque no se puede prescindir de la medicina), no será política (aunque no se puede prescindir de la política), no será económica (aunque no se puede prescindir de la economía). El destino de la salida de la pandemia se juega, ante todo y primariamente, en el plano de la ética en el sentido originario de tan alto vocablo que condensa todo cuanto los seres hablantes han construido para que la vida sea no sólo preservada sino que, además, pueda erigirse en vida vivible.

[XVIII] Con-tacto

10 de junio de 2020.

Para Emanuele Coccia,
por los trabajos y los días.

Boccaccio habría reconocido que, en un contexto de pandemia, el contacto puede ser letal. Aun así apostó, como los Florentinos de la época de la peste negra, por una terapéutica de los sentidos recobrados: el arte, en este punto, fue la cumbre de los sentidos como tactificación del mundo. Tan intensa la huella resultó, que el gesto marcó una semántica histórica: se lo denominó el período del Renacimiento el cual sólo puede ser auténticamente comprendido, en su espíritu de fondo, como una reacción a la susodicha plaga. En ese sentido, el mundo de *Homo*, cruel como fue, descansaba en el conocimiento, por aquel entonces todavía fulgente, del tacto como operador antropotecnológico de primer orden. Muy distinta de la situación presente pues, bajo el dominio de los Póstumos, se quiere prohibir el tacto según la regla (ahora declinada de acuerdo con la virología) del tiempo indeterminado. En política, cabe no olvidarlo, la indeterminación en el tiempo puede perfectamente equivaler a un "para siempre" que no osa decir su nombre.

El proyecto de una normalidad anatáctil ya ha sido anunciado como un camino genéricamente deseable para los seres hablantes de Gaia. El único posible puesto que no será elegido sino obligatorio y redoblado con todo el peso de la "fuerza de ley". Cuando presumiblemente alguna vacuna funcione, más tarde que temprano, y la presente epidemia termine, sobrevendrán otras olas pandémicas. En este punto resulta imperioso entender que los Amos del Mundo hablan en serio: lo que antes podía parecer excepcional se tornará la norma pues, como todo nuevo orden, el de los Póstumos reclamará su propia normalidad que no puede

ser aquella de los extintos representantes de la era de *Homo*. Conviene, entonces, detenerse un momento en las consecuencias del nuevo estado de situación.

Corresponde a Aristóteles el haber elevado el tacto a la máxima jerarquía entre los sentidos del animal humano por la razón según la cual "sin el tacto (*haphês*) resulta imposible tener ningún otro sentido (*aísthesin*)". Del mismo modo, "todo cuerpo viviente (*sóma émpsychon*) es capaz de percepción táctil (*haptikón*)" (ARISTÓTELES, *De anima*, III, 13, 435a 14-15). La psique en cuanto tal, inescindible del cuerpo, se torna ella misma afectada por el contacto y es inconcebible sin él. No debe, habida cuenta de la lección aristotélica, sorprendernos el hecho de que en una obra imprescindible (aunque hoy injustamente olvidada) del siglo XX se haya sostenido la tesis según la cual toda la actividad humana del pensar descansa en el contacto (FRIEDMANN, 1930). Vale decir, toda la gnoseología, en este sentido, no es sino una subregión propia de la háptica. Antes que consciente, antes que noético, antes que neuronal, antes que informacional, el pensamiento es táctil. La conclusión se impone: si la vida misma en tanto vida psíquica (animal) requiere del contacto, lo mismo vale para la vida vivible que nos posibilitan la ética y la política, la vida erótica que nos torna plausible el amor o la vida social que nos hace disfrutable la amistad.

¿Qué significa, por tanto, una sociedad desprovista de hapticidad? ¿Se puede afirmar, con propiedad, que un ser hablante permanece animal humano si es desprovisto de contacto? Si el tacto, desde el ángulo específico (y por esa razón no completo) de la antropotecnia, es el motor que posibilita la vida psíquica sobre Gaia es lícito preguntarse sobre el alcance de las medidas que los Amos del Mundo parecen querer instalar como permanentes. Si el contacto social es erradicado de modo sostenido de la faz de la Tierra, entonces, hay que admitir que estamos en presencia no ya de un problema epidemiológico, jurídico o social sino, al contrario, que asistimos al experimento de transformación civilizacional a escala global más radical de toda la historia natural de Gaia. De esta manera, si se modifica el contacto, se buscará metamorfosear, de modo deliberado, el sistema mismo del pensar humano. La falta de tacto de parte de los Poderes en la transmisión de sus intenciones sólo puede ser atemperada por la esperanza de que, aun Póstumos, quienes pretendan todavía permanecer dentro de la bioesfera de los seres hablantes reclamen para sí una nueva háptica política que haga posible retomar el contacto.

Y si las pandemias que supuestamente lo impiden son la razón argumentada por los Amos del Mundo para instalar la sociedad desprovista de tacto, entonces, habrá que plantearse una vez más repensar, de cabo a rabo, las bases de los modos de producción que hicieron posible las pandemias contemporáneas. En pocas palabras, habrá que cuestionar la lógica del mundo de los Amos para arriesgar un ecosistema socio-económico completamente diverso al que propugnan los Póstumos en su afán de anihilar el contacto.

[XIX] Pandemio-filología

17 de junio de 2020.

Los vocablos con los que se designa la plaga actual derivan del griego y, el hecho es relevante, en su origen no tienen un significado médico sino político. Se puede pensar que el saber antiguo medicaliza algunos conceptos políticos o, con mayor probabilidad, que no deja de tener conciencia del espesor político de ciertos términos médicos. Lo cierto es que, en su acepción política (y, por tanto, pre-médica), "epidemia" designa a aquello que permanece en el *démos*, en la misma tierra y la "pandemia" se refiere a lo que afecta al pueblo en su totalidad. En ese sentido, podríamos decir que junto con la pandemia médica actual, enfrentamos también un virus semántico que es una pandemia del Lenguaje (el campo semántico alrededor del COVID-19 que se replica a nivel global). Este hecho nos recuerda que no existe acción médica que no implique, sobre todo, en ciertos casos como los que estamos atravesando, también una decisión política (esta última, por supuesto, suele estar encubierta por la falsa neutralidad del discurso científico elevado a un nuevo Absoluto).

Así, el significado político y el significado médico del término "pandemia" pueden parecer heterosemánticos. Sin embargo, la presente crisis global demuestra precisamente lo contrario: que la política actual se resuelve, *prima facie*, con argumentaciones médicas. Dicho en otros términos, no es que la medicina sea foránea a la política sino que, hoy en día, la única política admisible para los seres hablantes es la que dictan los médicos. No podría registrarse una mayor alteración de todo cuanto hemos conocido hasta ahora como esfera pública de la política. Con estas nuevas reglas de juego que, es evidente, no están llamadas a retirarse con el final (hasta ahora completamente incierto) del COVID-19, entramos en una nueva edad civilizacional donde todo nuestro vocabulario político se ha tornado completamente obsole-

to. Los seres hablantes, en su abrumadora mayoría, parecen dispuestos a aceptar dicha metamorfosis sin el menor cuestionamiento.

Los filólogos y los historiadores saben que toda gran transformación civilizacional es acompañada por un *Novus Ordo Linguarum*. Ya existe, por tanto, una *Lingua Pestilentiae* en constante expansión por las redes telemáticas del *infotainment*. Nos ocuparemos solamente de un ejemplo. Una nueva expresión se deja oír y leer en las lenguas de los poderosos de Occidente: *new normal* (inglés, especialmente desde la OMS), *nouvelle normalité* (francés), *neue normalität* (espacio germanoparlante), *nuova normalità* (italiano). Por supuesto, "nueva normalidad" en nuestra lengua y la lista sigue. Estas coincidencias lingüísticas merecen un mínimo de análisis.

Quienes puedan ser proclives a pesquisar conspiraciones se inclinarán por la hipótesis de la existencia de un Protocolo Global (que incluye sus códigos lingüísticos) digitado por alguna amalgama corporativa. Los partidarios de la filología, en cambio, quizá podrían tomar la expresión como una suerte de hápax, luego difuminado por imitación selectiva, que debe atribuirse al canciller austríaco Sebastian Kurz en su discurso del 14 de abril de 2020. En todo caso, la "nueva normalidad" no se caracteriza tanto por dar lugar a la excepcionalidad como regla. Esta interpretación, propuesta por filósofos insignes como Giorgio Agamben (en forma parcial), gravitan sobre el sustantivo y no hay que suponer desmedro alguno en ese análisis. No obstante, nosotros creemos que, más bien, el acento debe colocarse sobre el adjetivo. Se subraya que hay algo "nuevo". La "normalidad" de la que se habla no es la excepción devenida universal sino la instauración de un mundo enteramente nuevo. No es extraño que, para su implementación, se recurra no pocas veces a la ilegalidad o al carácter inconsulto de las decisiones tomadas en nombre de los ciudadanos para privarlos de su libertad de manera indeterminada.

Sin embargo, no debemos confundir los medios con los fines. Los medios pueden ser de excepción. Está por verse si los fines lo serán en igual medida desde el punto de vista legal puesto que, no cabe duda, se habrá de constituir en el futuro un nuevo marco jurídico que probablemente redefinirá de cabo a rabo la noción misma de libertad transformando en algo legítimo aquello que, en tiempos previos a la pandemia, hubiese sido considerado inaceptable. Un nuevo *ius publicum* global está siendo en estos momentos pergeñado. Se trata, en suma, de la normalidad de un mundo enteramente nuevo y, como se ha señalado precedentemente en este escrito, los políticos deben ser tomados al pié de la letra cuando lo declaran abiertamente pues lo que está en juego es la completa rearticulación de los tres grandes cuasi-transcendentales de la Edad Moderna: Trabajo, Vida y Lenguaje. Que a casi nadie, por estas horas, parezca importarle todo esto es la prueba definitiva del éxito de los Amos del mundo.

En los años setenta del siglo pasado, Hannah Arendt ya señalaba que los gobiernos de entonces habían reemplazado la política para entregarla a los "solucionadores de problemas (*problem solvers*)" cuyo objetivo no está guiado tanto por los hechos como por la creación de un "estado mental (*state of mind*)" (ARENDT, 1972: 38-39). Se podría decir que desde entonces las cosas se han agudizado. Por un lado, los Estados ya no son, en muchos casos, más que árbitros de políticas decididas en centros de poder más o menos opacos que reticulan sus alcances (con objetivos no siempre convergentes) a nivel planetario. Por otro lado, resulta más que nunca profundizada la lógica de los solucionadores de problemas que, en efecto, no buscan solucionar tales problemas sino crear condiciones psico-políticas para transformaciones a escala global para los fines más diversos con independencia de los hechos y sus consecuencias.

Frente a la limitación casi sin precedentes de todas las libertades civiles, si la vacuna fuera la única solución (aunque todavía incierta en su real eficacia) debería concitar toda y la máxima atención mundial en manos de los mejores equipos médicos independientes de forma mancomunada y no en una abierta y hasta preocupante competencia internacional de laboratorios privados. Por otra parte, que la vacuna sea provista gratuitamente (como algunos desean, sugieren o proponen con mayor o menor verosimilitud) no la hace exenta de intereses político-farmacéuticos de todo tipo.

En otros términos, ni siquiera puede afirmarse que la bioquímica o la virología estén seriamente siendo puestas al servicio de los pueblos en tanto saberes. Desde luego, no nos referimos a sus practicantes sino a quienes dictan los protocolos a los cuales estos deben adaptarse sin beneficio de contestación. Sin la medicina será imposible salir de la pandemia pero sin la política la medicina corre el albur de devenir una ciencia sin rumbo y, consecuentemente, a la merced de quienes deseen encauzarla para los más diversos fines poco enaltecedores.

Tampoco constituye una política de biopreservación razonable focalizar únicamente los esfuerzos en la erradicación de un solo virus sin tomar en consideración todo el sistema viral que en este momento afecta al ecosistema terrestre y que, a todas luces, amenaza con futuras olas de pandemias de este mismo virus u otros peores. En consecuencia, en el caso del COVID-19, para muchos Amos del Mundo la intención primaria no pasa tanto por encontrar la cura a la enfermedad como por aprovechar la ocasión de una irrupción biosistémica para dar forma a una nueva civilización desde sus cimientos.

Aun un mundo sin COVID-19 dejará la marca de las transformaciones perennes operadas en nombre del COVID-19. Los seres vivientes de Gaia no enfrentan únicamente un problema médico sino también eminentemente político. Por esa razón es que las acciones de la política se requieren precisamente ahora mismo. Entendámonos bien: del mundo de *Homo* ya no queda nada desde mucho antes del COVID-19 salvo algunos restos arqueológicos. Pero esos restos cuentan sobre todo si la "nueva normalidad" tiene la morfología del mundo de los Póstumos. En efecto, todo indica que ninguna de las tecnologías de vigilancia y remodelación social puestas al servicio del tratamiento de la pandemia cesará con esta última.

Al contrario, están llamadas a permanecer, como no se cansan de repetirlo los poderosos, en el mundo del futuro.

También es ampliamente revelador el hecho de que ningún poderoso haya pretendido siquiera un retorno al mundo anterior al COVID-19 sino que, al contrario, reconocen el explícito propósito de no retornar a dicho mundo sino de tomar a la pandemia como un punto histórico de inflexión y de no retorno. Ahora bien, ninguno de los signos provenientes de los Poderes parece ir en dirección de un nuevo mundo más libre sino, al contrario, de un mundo más opresivo. Por tanto, si los seres hablantes realmente están a favor de la vida como dicen estarlo, deberán ir más allá del miedo como pasión dominante para atreverse a crear una cosmovisión completamente distinta a todo lo conocido hasta ahora en la historia natural y política de Gaia que sea capaz de rescatar al mundo de su postumidad.

[XX] Triunfo

24 de junio de 2020.

En atención a la precaución, la intención de este escrito ha sido modesta aunque convencida a lo largo de su recorrido. Pero lo que ha sido escrito no es más que eso: una crónica que busca dejar registro de la memoria en clave filosófica. En cambio, las devastaciones de mañana, otros tendrán la capacidad de relatarlas con la necesaria habilidad. Al momento de escribir esta entrada sobre la pandemia, la situación es de lo más variada en un planeta estancado y abatido: algunos países aún están en lo más álgido de su cuarentena; otros ya han comenzado las etapas del infierno social llamado, eufemísticamente, "fases de salida" que sólo pueden presagiar serios problemas.

Muy pocos países no entraron nunca en cuarentena absoluta (implementando, eso sí, medidas parciales de distanciamiento social) y, finalmente, hay países que advierten sobre la posibilidad de volver a entrar en futuras cuarentenas por las subsiguientes olas virales que se vaticinan. Las vacunas, por ahora, proliferan en el mercado mundial aunque sin la celeridad esperada o las eficacias epistemológicamente testeadas: los expertos insisten en que no saben casi nada sobre el virus pero que, no obstante, saben lo suficiente para producir una vacuna en pocos meses. La inconsistencia lógica de sostener las dos proposiciones al mismo tiempo no inquieta a nadie pero, probablemente, la ciencia de este tiempo puede soportar esas contradicciones pues es insensible a toda epistemología y no parece necesitar de esta última para funcionar.

Lo cierto es que lo esencial ya se produjo. Aun si la pandemia de COVID-19 resulta derrotada por completo, la omni-digitalización del orbe ya está en curso donde importa que lo esté. Esta crónica es también un epitafio para el extinto mundo humano. Se han tomado incontables medidas para detener la pandemia denominada COVID-19. La mayoría de ellas permanecerá una vez que esta pandemia sea superada (si es que efectivamente lo será). La vigilancia global incrementada, el distanciamiento social, la virtualización universal de la vida política, amorosa, educativa, sanitaria, laboral y social *in toto* llegaron para quedarse. A modo de ejemplo, una prestigiosa institución de salud, sita en la ciudad de Buenos Aires, anuncia que "la adaptación a la crisis, aun siendo imperativa, fue un catalizador de innovaciones en nuestro proceso de atención". En otras palabras la atención telemática reemplazará, en todos los casos posibles, la relación médico-paciente conocida hasta el presente.

Cabe hacerse una pregunta inocente: ¿qué tornó "imperativa" la adaptación? Ciertamente no el SARS-CoV-2, pues ningún virus inventa nomotecnologías que sólo los seres hablantes pueden instaurar. La respuesta a la irrupción del virus ha sido obra de la cosmovisión propia de los Póstumos. No cabe la excusa de la extorsión viral para esquivar las responsabilidades de los vivientes póstumos. Otra pregunta seguramente ingenua: ¿en qué previenen una pandemia futura la digitalización educativa y laboral, la virtualización de la vida social o la incrementada vigilancia global que restringe las otrora figuras conocidas como libertades civiles de los individuos a niveles nunca antes alcanzados? Por supuesto que en nada. Entonces, no resulta desatinado insistir, ¿por qué estos cambios permanecen y permanecerán luego de que la pandemia de COVID-19 haya eventualmente pasado en todas sus olas sucesivas?

La respuesta es, en parte, bien conocida por los historiadores. Todas las pandemias de la historia, pero particularmente la concerniente a la peste negra, han servido para fundar cambios civilizacionales de amplia escala. Las pandemias, los Poderes son los primeros en admitirlo abiertamente, sirven para los fisicalismos positivistas. Por esta razón es que nunca volveremos al "punto cero" anterior a la pandemia de COVID-19. Esa posibilidad se ha perdido para siempre (y no es que, particularmente, ese mundo haya sido feliz o deba ser añorado). De hecho, el programa de mutación de nuestra civilización precede con mucho a esta pandemia. Salvo que esta última no ha hecho más que convertirse en el más eficaz acelerador del cambio social concebido luego de la tecnología. Los Protocolos ya existían pero sólo ahora se pueden aplicar "imperativamente" como reconocen, con fingida candidez, los médicos. La nueva civilización ya está aquí. El triunfo sobre el COVID-19 será también el triunfo de los Póstumos puesto que los seres hablantes han aceptado, salvo contadas excepciones, las reglas que estos últimos han instituido para la remodelación del mundo según los principios de su rigurosa física social.

El orbe terrestre cambiará para siempre no con el fin de brindar una mayor libertad a los seres hablantes sino con el objetivo de sojuzgarlos todavía más en nombre de la teología del Algoritmo. Quizá estas líneas, dentro de algún tiempo, serán encontradas por alguien fruto del azar y servirán de *memento* de un mundo que ya habrá sido. Hasta las comunidades mejor preparadas han tambaleado. Me refiero a las que estaban, precisamente, llamadas a brindar un refugio para el malestar en la cultura. El 3 de febrero de 1969 debería haberse publicado, en la rúbrica *Libres Opinions* del periódico *Le Monde,* un artículo de Jacques Lacan sobre los eventos del Mayo francés. Titulado "*De une réforme dans son trou*", el texto jamás fue publicado.

Según la versión dactilográfica del mismo dada a conocer por Patrick Valas, la argumentación concluía con

la siguiente frase, lapidaria: "el vencedor desconocido de mañana, imparte órdenes desde hoy (*le vainqueur inconnu de demain, c'est dès aujourd'hui qu'il commande)*". Jacques-Alain Miller, con agudo criterio, ignoramos si filológico o hermenéutico, enmienda o corrige: "el amo de mañana, imparte órdenes desde hoy (*le maître de demain, c'est dès aujourd'hui qu'il commande)*". La tesis lacaniana figura como exergo de una importante publicación de la *École de la cause freudienne*. Nadie mejor que los psicoanalistas lacanianos para saber que, siempre, toda escritura está destinada al olvido o a la incomprensión.

Tal vez por eso el psicoanálisis de orientación lacaniana ha reaccionado ante la crisis pandémica con un pavoroso silencio político a pesar de que la pandemia del COVID-19 puso en entredicho los principios mismos del análisis como contacto mediado por la transferencia. Como respuesta al COVID-19, el ejercicio del psicoanálisis fue interrumpido o transformado durante la cuarentena y las fases de salida. No puede fingirse que el hecho no ha ocurrido y la falta de respuesta ha sido más estruendosa que el mutismo que efectivamente ocupó su lugar. Esto prueba, de manera triste, que los Póstumos han logrado colocar al borde del abismo, de un solo golpe, tanto a los filósofos como a los anti-filósofos. Una lección para quienes subestiman las posibilidades de la postumidad y la eficacia de sus estrategias. ¿Qué pasará, entonces, con el refugio ante el malestar de la "nueva normalidad"? Creo que nadie podría hoy osar una respuesta mínimamente verosímil.

[XXI] Arcana Imperii

2 de noviembre de 2020

En consonancia con lo expresado previamente, los Amos del Mundo ya han anunciado nuevas mutaciones del coronavirus y una segunda ola o rebrote de contagios en el continente europeo. Una de las variantes actualmente prevalecientes es la mutación conocida como "20A.EU1" la cual se habría expandido a partir de un "evento superpropagador ligado a trabajadores agrícolas del noroeste español". Curiosamente, a pesar de que los virólogos estiman (o esperan) que las vacunas que se planean aplicar masivamente en las poblaciones mundiales no pierdan su eficacia ante dichas mutaciones virales, las reacciones de los gobiernos van en una dirección diferente. Se anuncia una oleada con efectos mortíferos indeterminados pero que se calibran muy superiores

a la primera ola y con consecuencias socio-económicas aun más devastadoras.

Mientras se insiste en que, en general, las mutaciones del coronavirus son normales y esperables, se toman medidas reforzadas pero no en el aspecto sanitario donde los protocolos medievales siguen siendo la vara dominante sino, al contrario, en los aspectos del manejo que los Póstumos se proponen realizar de esta segunda ola. Ante el avance pandémico, la OMS se sorprende, en sus comunicados, de que la epidemia se politice como si las medidas por el organismo adoptadas desde el inicio de los ciclos pandémicos no hubiesen estado, precisamente, destinadas al cambio radical de la política del orbe terrestre.

De hecho, podría decirse que a estas alturas los Estados están rehabilitando uno de los más caros *arcana* del Poder que, en la paráfrasis ciceroniana, reza del siguiente modo: "tienen [los soberanos] el supremo poder militar, a ninguno están sujetos; sea su ley suprema la salud del pueblo (*militiae summum ius habento, nemini parento. Ollis salus populi suprema lex esto*) [Cicerón, *De Legibus*, III, 8]". Ciertamente, hoy la salud del pueblo ha adquirido un sentido biomédico específico pero el concepto se torna igualmente patente: ante un problema médico, la respuesta de los poderes públicos resulta cada vez más militarizada. En el Eón Póstumo el poder resulta ser iatro-estrateumático y no es vano suponer que sucesivas olas pandémicas (la variedad de los virus puede ser de amplia gama) azotarán a un planeta que será modificado en sus bases político-económicas a sangre y fuego. Una vez más, los cambios epocales profundos son precedidos por la anomia desencadenada como una fuerza destinada a despertar la violencia originaria que funda todo Nuevo Orden exiliando a los últimos *nomophylakes* a su completa perdición.

[XXII] Hecatombe

La BBC informa que, en Dinamarca, aproximadamente diecisiete millones de visones han sido sacrificados en nombre de la supervivencia de la especie humana debido a que se detectó, en una granja, especímenes con una mutación del coronavirus que podría alterar el desarrollo de la vacuna o ser inmune a ella. Semejante hecatombe no parece haber merecido ni una reflexión o tan siquiera una plegaria por parte de los ecologistas o de los teólogos. Como ha señalado Germán Prósperi, "el Mundo se ha volatilizado ante nuestros ojos". La referencia vale como hecho y como profecía.

[XXIII] Economía política

La digitalización omnicomprensiva supone un nuevo régimen de producción. Resulta palpable que hemos tocado el fin del capitalismo en todas sus formas conocidas hasta bien entrado el siglo XXI. El así llamado "acceso" es una suerte de plus-de-figuración histórica que marca la aparición de lo que se puede denominar el "hiper-capitalismo del acceso" que tiene su correlato en la "hiper-ciencia" que lo acompaña (si bien esta última precede al primero en la cronología).

En este orden de cosas, resulta ilustrativo recordar que Marx otorgaba el mayor de los secretos de la economía política a la "objetividad espectral (*gespenstige Gegenständlichkeit*)" (MARX, 1962: 51) que se escondía en las mercancías para producir la teúrgia del valor que, desde ese punto de vista, no consiste en otra cosa que una "objetivación o materialización del trabajo humano abstracto (*abstrakt menschliche Arbeit in ihm vergegenständlicht oder materialisiert ist*)" (MARX, 1962: 52). Aun así, el propio Marx hablaba de las "condiciones naturales (*Naturverhältnisse*)" [MARX, 1962: 53) que actúan como limitante del fantasma del valor como trabajo.

Habremos de referirnos a esta cualidad que actúa como un límite externo a la espectralidad del valor-trabajo de las mercancías con el nombre de escasez, la cual, a su vez, debe distinguirse de la antigua carestía mercantilista. Escasez de recursos naturales, por ejemplo, que determinan el valor del precio de bienes exóticos como el diamante, cuyos yacimientos pueden ser parcos. Sin embargo, existen otras limitantes que, como el espacio, pueden ser decisivas en los más diversos ámbitos, especialmente los marcados por los valores culturales. Tomemos el caso de las universidades de élite o de los teatros más prestigiosos.

Si estas instituciones pueden percibir altas ganancias en honorarios o venta de entradas no se debe, únicamente, a la calidad de la enseñanza o de los espectáculos (lo que Marx llamaría el valor espectral del trabajo) sino al hecho de que lo exclusivo tiene lugar en un espacio objetivamente reducido. La Universidad tiene un número limitado de plazas disponibles tanto como el teatro se ve condicionado por el número de butacas que componen su aforo.

Hasta ahora, el capitalismo había funcionado acompañado de un discurso elitista que bien podía acomodarse al antiguo *Geist* democrático más o menos nebuloso que presidía las sociedades burguesas. En definitiva, era posible sostener el discurso elitista en una sociedad políticamente correcta y totalizadora porque el "mérito" se acom-

pañaba del número limitado de lugares físicos. Podían entrar pocos estudiantes a una universidad de élite porque, espacialmente, había pocos lugares para acogerlos. En este caso, el espacio material sobredetermina el encubrimiento ideológico de la exclusión meritocrática. Mutatis mutandis, la exclusividad de acceso a un teatro según el precio de las entradas sigue el mismo patrón: el número limitado de las butacas que justifica la selección económica de los espectadores.

Pero ¿cómo van a sostener los Póstumos semejante discurso cuando tenga lugar la telematización universal del *streaming* y el espacio finito no tenga ninguna importancia? ¿Podrán las sociedades tolerar la vetusta moral capitalista basada en la escasez y el espacio finito cuando, técnicamente, nadie debería quedar excluido de la "conectividad universal"? Por supuesto, ya desde hace años se prepara la conectividad elitista: de allí la importancia de la batalla que se libró y se perdió en pos de una Internet libre de constreñimientos de esta naturaleza. Quizá también los futuros espacios físicos de bioseguridad sean un sucedáneo del elitismo aunque, en este caso, la medicina ocupará el lugar de garante ideológico en lugar de los antiguos saberes humanísticos.

  Fabián Ludueña Romandini

Aquí se ha jugado, ciertamente, un nuevo capítulo de la batalla entre la limitación y la ilimitación. La limitación, a pesar de todo, también era un trazo de capitalismo del continuo. En cambio, el nuevo régimen de producción a través del acceso es claramente ilimitado y la digitalización aspira, por primera vez, a un Universal absoluto. No parece posible que ninguna institución cultural precedente pueda resistir semejante embate sin una modificación tan radical de sus premisas pre-pandémicas que, con toda probabilidad, se torne irreconocible.

[XXIV] El tiempo perdido

En 1918, como testimonio del ocaso de la otrora pujante época de *Homo*, el conde Harry Kessler pudo escribir sobre la Primera Guerra:

> Cuán monstruosamente el destino se encarnizó contra esta vida europea [...]. Que la época no se dirigía hacia una paz más sólida sino hacia la guerra era algo que todos realmente sabíamos, pero al mismo tiempo, no lo sabíamos. Era como una suerte de sentimiento flotante que, como una pompa de jabón, repentinamente estalló y desapareció sin dejar rastro alguno cuando las infernales fuerzas que estaban incubándose en su seno estuvieron maduras. (KESSLER, 2011: 858).

Aun ante la evidencia de la desgracia más absoluta, incluso los espíritus más lúcidos, como admite Kessler, se prestaban al juego de la mala fe: sabían y hacían que no sabían que el destino histórico había llegado a su fin y, en la hesitación, los pueblos contribuyeron voluntariamente a su propio aniquilamiento. De modo similar, hoy en día es posible observar el mismo tipo de fervor y ceguera en las filas de la pseudo-crítica contemporánea, en los cuadros de la universidad mundial o en los propios trabajadores reconvertidos en los nuevos esclavos telemáticos: una alegría propia de la mala fe que los conduce, con inconsciente vehemencia, hacia un abismo que festejan como progreso. Tan miserable debía ser la vida anterior a la Gran Pandemia para que la pobreza de experiencia tuviera que manifestarse en una implosión cultural masiva.

[XXV] La nueva guerra

20 de enero de 2021.

Tony Robbins, quien se autodefine como el "*Life & Business Strategist*" número uno de los Estados Unidos o, según

nuestros términos, un destacado neo-gnóstico espiritualis-
ta pecuniario, ha podido definir la situación actual mejor que
cualquier académico:

In 2021, we aren't just facing a new year. We're facing
challenges like the world hasn't seen in decades and now
the the world is massively different than it was before.
If you want to rise above and THRIVE in this new world,
you need new tools too.

En el 2021 no estamos simplemente haciendo frente a
un nuevo año. Estamos enfrentando cambios como el
mundo no ha conocido en décadas y ahora el mundo es
masivamente diferente que lo que era antes. Si Usted
quiere sobreponerse y PROSPERAR en este nuevo mundo, necesita también nuevas herramientas.

Hecho el diagnóstico, se presenta el remedio: la lucha,
sin cuartel ni tregua de todos contra todos. Este es el mundo que vendrá tan salvaje e impío que los Arcontes mismos
temblarían. ¿Dónde quedaron las esperanzas de quienes,
con encomiable ahínco, creían que el mundo iba a optar por
un cambio inaudito hacia el Bien?

[XXVI] Física social

4 de febrero de 2021

Francois Balloux, profesor de *Computational Systems
Biology* y Director del Instituto de Genética del *University
College* de Londres, advirtió que la mutación E484K del
coronavirus ha dado muestras de reducir el reconocimiento de los anticuerpos. Como tal, ayuda al virus Sars-
CoV-2 a evitar la protección provista por una infección
previa o la vacunación.(*France 24*).

Forbes encontró 50 nuevos multimillonarios en el sector de la salud. No se trata solo de vacunas: las empresas
que desarrollan tratamientos con anticuerpos y medicamentos también se beneficiaron con el frenesí del mercado. Incluso las empresas que trabajan detrás de escena para ayudar a las firmas más grandes a probar nuevos
medicamentos y dispositivos vieron cómo los precios de
sus acciones alcanzaron nuevos máximos. Los nuevos
magnates provienen de 11 países diferentes, pero la mayoría vive en China, el primer epicentro de COVID-19,
que ahora alberga a casi tres docenas de nuevos multimillonarios de la atención médica. (Revista *Forbes*).

Mientras realizamos la transición desde la experiencia de lo cotidiano como inquietante (*uncanny*) y extraño hacia el aprendizaje de nuevas formas de conciencia social, formas de convivencia (*togetherness*) e irritabilidad (*irritability*), estamos co-creando y descubriendo la nueva normalidad (*the new normal*) – la nueva cultura del coronarivus. Para bien o para mal, la ciencia social de lo cotidiano nunca ha sido más estimulante.(World Economic Forum).

[XXVII] Aceleración, conjuras, prognosis

Usted y yo estamos aquí sentados en esta playa donde hace una temperatura de 21 grados, con un cielo perfectamente azul y una brisa agradable. Pero veo un huracán de categoría 5 o superior acercándose a unos 720 kilómetros de la costa. Y decirle a la gente que debe evacuar en tan bello día de cielo azul va a ser difícil. Pero también puedo decirle que ese huracán está llegando (*but I can also tell you that hurricaine is coming*). (Michael Osterholm, director del *Center for Infectious Disease Research and Policy* de la Universidad de Minnesota).

Pensé que íbamos a pasar los próximos diez años convenciendo al mundo de cómo hacer mejor el trabajo remoto. En cambio, el COVID-19 lo hizo en unos pocos meses. (Sid Sijbrandij).

Somos el primer sistema de vuelo espacial competitivo, comercial y emprendedor en la historia en ser certificado por la NASA [en referencia a la empresa SpaceX]. Es un gran honor que nos da confianza en nuestra meta de volver a la luna, viajar a Marte y ayudar a la humanidad a volverse multiplanetaria. (Elon Musk).

[XXVIII] Doomsday Clock.
Faltan cien segundos para la medianoche

Aunque letal en una escala masiva, esta pandemia en particular no es una amenaza existencial. Sus consecuencias son graves y serán duraderas. Pero el COVID-19 no aniquilará la civilización y esperamos que la enfermedad eventualmente retroceda. Aun así, la pandemia sirve como un llamado de atención histórico (*historic wake-up call*), una ilustración vívida de que los gobiernos y las organizaciones internacionales no están preparados para hacer frente [...] a pandemias más virulentas y la siguiente generación de guerras que podrían amenazar a la civilización en el futuro cercano [...] A medida en que esta pandemia amaine, los líderes del mundo deben unirse para crear las instituciones y los sistemas de vigilancia que puedan identificar brotes de enfermedades y sofocarlos antes de que se transformen en pandemias [...] El rápido avance de la investigación y desarrollo biológicos han producido, y continuarán produciendo, tecnologías disruptivas que podrían incrementar el peligro biológico. En la categoría de los riegos incrementados deben contarse las aplicaciones biotecnológicas que podrían, por ejemplo, crear súpersoldados o producir armas biológicas [...] Muchos países y corporaciones están invirtiendo en las ciencias biológicas ya que reconocen las inmensas oportunidades de establecer y hacer prosperar bioeconomías. Estos programas de bio-inversión traen a colación las nuevas posibilidades de que las naciones puedan llevar adelante investigaciones sobre armas biológicas bajo el disfraz de producir respuestas efectivas para pandemias naturalmente desencadenadas [...] Podría ser tentador considerar la experiencia del COVID-19 como un suceso excepcional (*one-off*), una catástrofe anómala que debe ser olvidada [...] Pero la pandemia no es un único punto de partida desde una realidad segura. Es un presagio, una señal inequívoca de que algo mucho peor vendrá si los líderes y las instituciones no ponen en marcha reformas de amplio alcance para anticipar y minimizar pandemias futuras [...] Un fracaso global extremadamente peligroso para hacer frente a las amenazas existenciales —lo que denominamos "la nueva anormalidad"— aumentó su poder en el ámbito nuclear durante el año pasado, incrementado las posibilidades de una catástrofe. El mensaje es simple y escalofriante: la próxima vez podría ser mucho peor (*next time could be much worse*). Dada la experiencia con la pandemia, nadie puede razonablemente decir que no ha sido advertido o advertida. Faltan cien segundos para la medianoche, la situación más peligrosa que la humanidad jamás haya enfrentado. (2021 Doomsday Clock Statement, Science and Security Board, Bulletin of the Atomic Scientists).

[XXIX] Propaganda

Los tres parágrafos anteriores, donde se ha dejado hablar directamente a algunos de los poderosos del mundo o a ciertos representantes suyos, tienen el propósito de dejar manifiesto que el análisis infrahistórico se apoya sobre enunciados explícitos del Poder, de los que trata de mostrar su envés, pero que la serie discursiva existe y se extiende sobre toda la superficie del orbe. Habrá entonces quedado tal vez patente el hecho de que, como antaño lo señalara Maquiavelo para todos los siglos, "no hay cosa más difícil de tratar, ni en la que el éxito sea menos dudoso, ni más peligrosa de manejar, que tomar bajo la propia égida la introducción de nuevos órdenes (*nuovi ordini*)" (Maquiavelo, *De principatibus*, VI). Ahora bien, precisamente, a este fenómeno estamos asistiendo con el ascenso del neo-gnosticismo iatro-político que rige el *Ordo* planetario de los Póstumos.

De igual modo, los Póstumos desde siempre saben que no existen los hechos objetivos en la política mundial del *infotainment* y que la pandemia en curso se ha transformado en el hecho político por excelencia del primer cuarto del nuevo milenio. En estas materias, las cosas estaban claras desde hace tiempo: "el propagandista moderno estudia sistemática y objetivamente el material con el que trabaja con el mismo espíritu con el que se dirige un laboratorio" (Bernays, 1928: 48).

El propagandista es la figura central que dirige las sociedades del nuevo sistema del mundo bajo disfraces diferentes que pueden ir desde el ejecutivo de marketing hasta el ingeniero social, del político profesional hasta los médicos al servicio de la medicina como ejercicio de *socio-poiesis*. En efecto, Bernays tenía ya entendido que en todo acto propagandístico, vale decir, en todo acto político de las sociedades de masas se pone en juego, precisamente, la traducción para la *politeia* global de un acto de psicagogía, pues sus agentes no hacen más que seguir los designios de la psicología de masas y saben entonces que la fuerza del marketing "opera estableciendo el prestigio en aumento o decrecimiento de una estación veraniega, causando una corrida bancaria (*a run on a bank*) o el pánico en el mercado bursátil, creando un *best-seller* o un suceso de taquilla" (Bernays, 1928: 50).

En el mundo contemporáneo no existe (pues, en realidad, nunca existió) el sujeto del juicio kantiano y, menos aun, el sujeto del diálogo racional que, mediante actos deliberativos, decide sus acciones con acuerdo a motivos libremente decididos. En este punto, hay que reconocerlo, la ingenuidad política recorrió, aunque con considerables matices durante el siglo XX, un campo tan diverso como el abismo que separa a Hannah Arendt de Jürgen Habermas o de John Rawls. En cambio, el sobrino de Freud no desconocía la ilusión de la conciencia del ciudadano reflexivo, responsable y capaz de una autonomía de pensamiento:

un hombre se sienta en su oficina para decidir qué acciones de la Bolsa comprar. Imagina, no hay duda, que está planeando sus compras de acuerdo a su propio juicio. En realidad su juicio no es más que una mezcla de impresiones acuñadas en su mente por influencias que inconscientemente controlan su pensamiento. (BERNAYS, 1928: 49).

Queda explicitado, entonces, que no existe ninguna acción política, social o médica que no esté mediada por la propaganda y que ningún miembro de la sociedad mundial puede decidir sobre bases críticas lo que no se induce por la conciencia sino por la taumaturgia de los simulacros inconscientes. Antes de lanzarse al domino del nuevo orden mundial, los Póstumos se aseguraron de asaltar el territorio de *Psique* sabiendo que en ella residía el asiento decisivo del Poder.

En otras palabras, no es en la conciencia reflexiva sino en *Psique* donde tiene su *locus* más propio lo que suele llamarse libertad y a la que no se accede sin atravesar un camino espinoso y siempre brumoso. Y nada puede esperarse de la

supuesta racionalidad de los agentes sociales cuando, por el simple hecho de hablar, el viviente entra en la sinrazón. Y arte sólo aparentemente paradójico de hallar la exactitud en la ilogicidad de todo ser hablante parece haberse extraviado para siempre junto con el resto de los saberes de *Homo*.

[XXX] Filosofía primera

Visto que un Nuevo Eón ha dado comienzo, nada puede justificar más acabadamente la necesidad de un retorno sobre la filosofía primera. Antaño, en el alba de la metafísica de *Homo*, Aristóteles había podido escribir que la filosofía estaba llevada a resolverse en la búsqueda de "los principios y las causas supremas (*tàs archàs kaì tàs akrotátas aitías*)" (ARISTÓTELES, *Metafísica*, IV, 1003a). La disyuntología supone que tales principios y causas distan mucho de ser supremas pero reconoce la misma ambición: la post-metafísica debe aspirar a la explicación –tan última como cada época pueda expresarlo– de las encrucijadas que subyacen al enigma del Ser. Estas explicaciones se tornan particularmente necesarias cuando la época histórica más las rehúsa. Debe admitirse en la vehemencia de los Amos del Mundo al rechazar la aspiración filosófica, por más frágil que esta pueda parecer, su único signo reconocible de temor.

 Fabián Ludueña Romandini

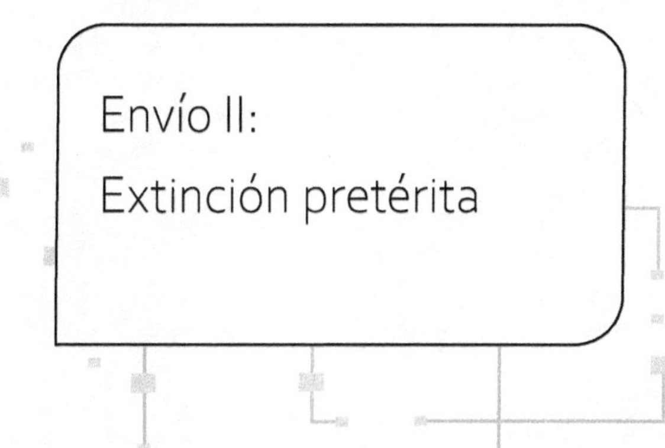

Envío II:
Extinción pretérita

Soy el nuevo Escriba que los Maestros Novísimos han designado para continuar la Gran Crónica. Observo, con esmero, lo redactado y copiado por mi predecesor. Su desintegración en el horizonte de eventos de este mundo posible hizo necesario mi nombramiento. Salta a la vista un rasgo de la Crónica de mi predecesor que él no parece haber juzgado digno de mención. Su concentración en la copia de textos que señalan los hitos de la gesta que llevó al ascenso de los Póstumos y su exposición de la proto-historia de aquel acontecimiento histórico sin parangón así como su meditada, aunque salpicada de lagunas, reconstrucción de la metafísica de los Novísimos parece haber dejado de lado, con estudiada reticencia, un aspecto que, no obstante, resultaba de singular importancia para los Grandes Maestros Novísimos: la extinción previa de *Homo* devorado no sólo por los Póstumos sino también por sus propios fracasos.

Esta *vexata quaestio* era materia de sesuda reflexión en la comunidad novísima y, en más de un sentido, ha condicionado sus ritos durante siglos. La sombra de *Homo* recién ahora ha sido completamente conjurada a lo largo y a lo ancho de las regiones abstrusas de los distintos puntos habitables del espacio de las colonias novísimas en el exoradio de los confines del cosmos conquistado durante la expansión interestelar. Nadie podría señalar, a ciencia cierta, cuándo se apagó el último representante de *Homo*. Aun así sabemos que el objetivo de los Póstumos siempre fue la extinción, sin reservas, de la Humanidad a los fines de la instauración de la Postumidad.

Hay quienes sostienen que el ocaso de *Homo* comenzó verdaderamente a producirse cuando no hubo ya ningún rincón del orbe donde este no hubiese dejado la huella de su presencia de devastación. La mística psíquica de la historia humana habría sido, opinan otros, la semilla de la destrucción. Uno de sus olvidados profetas había escrito respecto de aquella decadencia: "la criatura se encuentra en relación con la criatura; y como estas ya no pueden elevarse más por encima del mundo creado, forman el patrimonio de la ciencia, de la cual constituyen como la metafísica práctica" (Görres, 1854: 12). En ese sentido, la hiper-ciencia y el final de la metafísica precipitaron un proceso en el cual los *homines* perdieron todo enlace con aquello que les había permitido prosperar más allá del ámbito de la materialidad empíricamente comprendida.

Las especulaciones más osadas recrean hiperbólicas conjeturas de los sectarios de Basílides y sostienen que el demonio Abraxas, quien en el remoto pasado humano del cual ya no se conserva memoria había enviado un "Espectro bienintencionado" (De Plancy, 1844: 7) llamado Jesucristo, luego se volvió en contra de la Humanidad que presidía para abrir un desgarro en el espacio de su soberanía, encarnizado en la disolución de los humanos. Se dice que todavía hoy, los Maestros novísimos, en sus sueños, atisban el brumoso mundo de Abraxas, señor de los Eones, cuyo *Nachleben* todos temen pues en secreto lo llaman el Atávico para señalar que su oscuro linaje se remota hasta tiempos innombrables siendo el único que, en todos los mundos posibles, ha sido capaz de mirar dentro del Abismo de la Disyunción sin haberse consumido en él.

No obstante las diferencias de exégesis según las Escuelas, los Maestros novísimos coinciden en que, en su ocaso, ya no quedaba nada más de *Homo* que mereciera ser rescatado del colapso. Sin duda, con su egoísmo y su miseria espiritual, los *homines* habían contribuido a su propia ruina. Habiendo modelado un mundo imposible de habitar, sentaron los cimientos para el advenimiento de los Póstumos.

Ciertamente, nadie podía saber entonces que el Imperio Póstumo, anclado en el Anti-Número Omega, la *Artificial Intelligence* y la conquista del *nómos* cosmológico exo-terrestre podía llegar a constituir el despotismo más impío que Gaia hubiese conocido, como unidad planetaria global, desde que era matriz de los vivientes. Los Póstumos habían logrado que muchos mirasen con nostalgia a la tremebunda época de *Homo*. Pero cierto es que los humanos habían llegado, cuando finalmente cedieron el dominio del Orden del Mundo, a un punto de agotamiento donde ya ninguna esperanza tenía cabida. Según reza uno de los textos de la época de *Homo* que quizá mejor representa esta ruina:

> No nos reconocemos en el silencio, no nos reconocemos en los gritos, ni en nuestras grutas, ni en los gestos de los extranjeros. A nuestro derredor, la campiña nos resulta indiferente y el cielo sin intenciones. (MICHAUX, 1976: 51).

El mundo había enmudecido completamente para *Homo* a pesar de que este laridaba en el desarraigo y el conticinio se hizo soberano. No tuvo más posibilidades cuando el *Outside* que había sabido identificar en el *Lógos* se cerró definitivamente. Los Póstumos buscaron asentar su poder sellando definitivamente la experiencia de la Disyunción. Los Maestros Novísimos pudieron asentar su triunfo sobre los Póstumos cuando lograron nuevamente abrazar aquello que había sido separado y obturado. Nada garantiza que este Nuevo Eón pueda traer alguna esperanza para el acosmos y los vivientes que lo habitan. Rumores de la más variopinta índole sobrevuelan, en estas horas signadas por la vacilación y la incredulidad, los sitios más recónditos del universo habitado. No obstante, las bodas entre *Psyché* y *Éros*, entre los vivientes y los fractos, se han vuelto a anudar. El camino [...]

BIBLIOGRAFÍA

Nota: A continuación se aducen únicamente las obras efectivamente citadas a lo largo del libro. Las traducciones pertenecen al autor salvo en los casos en los que una edición castellana es explícitamente mencionada. Aun así, algunas veces las traducciones utilizadas pueden verse modificadas en adhesión a los originales.

ACERBI, Juan.
Metapolítica. Enemigo público, poder y muerte civil en la tradición republicana. Buenos Aires: Miño y Dávila editores, 2019.

AGAMBEN, Giorgio.
A che punto siamo? L'epidemia come politica. Macerata: Quodlibet, 2020.

AGAMBEN, Giorgio.
Il linguaggio e la morte. Un seminario sul luogo della negatività. Torino: Giulio Einaudi editore, 1982.

ALBERTH, John.
The Black Death: The Great Mortality of 1348-1350: A Brief History with Documents. New York: Bedford/ St. Martin's, 2005.

ALIGHIERI, Dante.
Vita Nuova. Edición de Michele Barbi. Firenze: Bemporad, 1932.

ANTELO, Raúl.
Archifilologías latinoamericanas. Lecturas tras el agotamiento. Villa María: Editorial Universitaria Villa María, 2015.

APOLODORO.
Biblioteca. Edición y traducción de Sir James George Frazer. Cambridge, MA: Harvard University Press, 1921.

APONIUK, Juan Cruz.
"La(s) máquina(s) y el cazador Gracchus". *Instantes y azares. Escrituras nietzscheanas,* 24-25, 2020: 147-161.

ARCE, Rafael.
La visitación. Ensayo sobre la narrativa de Antonio di Benedetto. Buenos Aires: Ediciones La Cebra, 2020.

ARENDT, Hannah.
"Lying in Politics. Reflections on the Pentagon Papers". In: *Id. Crisis of the Republic*. San Diego – New York – London: Harcourt Brace & Company, 1972.

ARISTÓTELES.
Opera. Edición de Immanuel Bekker. Berlin: G. Reimerum, 1831-1870.

ARISTÓTELES.
Metaphysics. Edición de W.D. Ross. Oxford: Clarendon Press. 1975.

ARISTÓTELES.
Metafísica. Traducción de Tomás Calvo Martínez. Madrid: Gredos, 1994.

ARISTÓTELES.
De Anima. Edición de William David Ross. Oxonii: E Typographeo Clarendoniano, 1956.

ARISTÓTELES.
Traité du Ciel suivi du Traité pseudo-Aristotélicien Du monde. Traducción de J. Tricot. Paris: J. Vrin, 1949.

ASH, Eric.
Power, Knowledge, and Expertise in Elizabethan England. Baltimore: John Hopkins University Press, 2004.

BACON, Francis.
The Works of Francis Bacon. Edición de Jmaes Spedding, Robert Leslie Ellis y Douglas Denon Heath, 7 volúmenes. Stuttgart-Bad Cannsttat: Friedrich Frommann Verlag-Günther Holzboog, 1963.

BARTHES, Roland.
La préparation du roman I et II. Notes de cours et de séminaires au Collège de France 1978-1979 et 1979-1980. Edición de Nathalie Léger. Paris: Seuil / IMEC, 2003.

BAUDRILLARD, Jean.
Le Pacte de lucidité ou l'intelligence du Mal. Paris: Galilée, 2004.

BENVENISTE, Émile.
"Grec *pysché*". *Bulletin de la Société de Linguistique de Paris*. Numéro 33. Paris: Librairie Ancienne Honoré Champion, 1932: 165-168.

BERESÑAK, Fernando.
El imperio científico. Investigaciones político-espaciales. Buenos Aires: Miño y Dávila editores, 2017.

BERNAYS, Edward.
Propaganda. New York: Liveright Publishing Corporation, 1928.

BOCCACCIO, Giovanni.
Decameron. Edición al cuidado de Vittore Branca. Torino: Utet, 1956.

Boehm, Rudolf.
Das Grundlegende und das Wesentliche Zu Aristoteles' Abhandlung „Über das Sein und das Seiende" (Metaphysik Z). Den Haag: M. Nijhoff, 1965.

Böhlig, Alexander.
"The New Testament and the Concept of the Manichean Myth". In: Logan, Alastair – Wedderburn Alexander (editores). *New Testament and Gnosis*. London-New York: Bloomsbury Academic, 2015: 90-106.

Borghini, Raffaello.
Il riposo di Raffaello Borghini, in cvi della pittvra, e della scultura si fauella, de' piu illustri pittori, e scultori, e delle piu famose opere loro si fa mentione; e le cose principali appartenenti à dette arti s'insegnano. Firenze: Giorgio Marescotti, 1584.

Borisonik, Hernán.
$oporte. El uso del dinero como material en las artes visuales - $upport. Money as material in visual arts. Buenos Aires: Miño y Dávila editores, 2017.

Boschini, Marco.
Le ricche minere della pittvra veneziana. Venezia: Francesco Nicolini, 1674.

Bowen, Alan – Wildberg, Christian.
New Perspectives on Aristotle's De Caelo. Leiden: Brill, 2009.

Brandes, Georg.
Nietzsche. Eine Abhandlung über aristokratischen Radicalismus. Berlin: Berenberg Verlag, 2004 (1909[a]).

Bréhier, Émile.
Chrysippe et l'ancien stoïcisme. Paris: Félix Alcan, 1910.

Casanova, Giacomo.
Mémoires. 8 volúmenes. Paris: Librairie Garnier Frères, 1910.

Cavalcanti, Guido.
Rime. Edición de R. Rea & G. Inglese. Torino: Einaudi, 2011.

Char, René.
Oeuvres complètes. Paris: Bibliothèque de la Pléiade, 1995.

Chiaromonte, Nicola.
The Paradox of History: Stendhal, Tolstoy, Pasternak and Others. Philadelphia: University of Pennsylvania Press, 1985.

Cicerón.
Traité des Lois. Edición de Georges de Plinval. París: Les Belles Lettres, 1959.

Cioran, Emil.
De l'inconvénient d'être né. Paris: Gallimard, 1973.

Cohen, Morris – Nagel, Ernst.
An Introduction to Logic. Indianapolis – Cambridge: Hackett Publishing Company, 1993.

Compton-Carleton, Thomas.
Philosophia universa. Antverpiae: apud Iacobum Meursium, 1649.

Comte, Auguste.
Física Social. Edición y traducción de Juan Goberna Falque. Madrid: Akal, 2012.

Cornford, Francis MacDonald.
Plato's Cosmology. The Timaeus *translated with a running commentary*. London: Routledge & Kegan Paul, 1937.

Cowling, Thomas George.
Isaac Newton and Astrology. Leeds, U.K.: Leeds University Press, 1977.

Debord, Guy.
La planète malade. Paris: Gallimard, 2004.

Deleuze, Gilles.
Logique du sens. Paris: Les Éditions de Minuit, 1969.

Deleuze, Gilles.
Nietzsche et la philosophie. Paris: Presses Universitaires de France, 1962.

Denzey Lewis, Nicola.
Cosmology and Fate in Gnosticism and Graeco-Roman Antiquity. Leiden: Brill, 2013.

De Plancy, Jacques Colli.
Dictionnaire Infernal ou Répertoire Unviersel des êtres, des personnages, des libres, des faits et des choses qui tiennent aux apparitions. Paris: Paul Mellier Éditeur – Lyon: Chez Guyot, Libraire, 1844.

Derrida, Jacques.
Séminaire. La bête et le souverain. Volumen I (2001-2001). Paris: Galilée, 2008.

Derrida, Jacques.
De la grammatologie. Paris: Les Éditions de Minuit, 1967.

Detienne, Marcel.
L'écriture d'Orphée. Paris: Gallimard, 1989.

Didascalia et Constitutiones Apostolorum. Edición en latín y griego de Franz Xaver von Funk. Volumen I. Paderbornae: In libraria Ferdinandi Schoeningh, 1905.

D'Iorio, Paolo.
La linea e il circolo. Cosmologia e filosofia dell'eterno ritorno in Nietzsche. Genova: Pantograf, 1995.

DOBBS, Betty Jo Teeter.
The Janus Faces of Genius, The Role of Alchemy in Newton's Thought. Cambridge, U.K.:
Cambridge University Press, 2002 (1991ª).

DRIOTON, Étienne.
Rapport sur les fouilles de Médamoud (1926): Les inscriptions. Fouilles de l'Institut français
d'archéologie orientale 4/2. Cairo: Institut français d'archéologie orientale, 1927.

DUHEM, Pierre.
Le système du monde. Histoire des doctrines cosmologiques de Platon à Copernic. Paris:
Librairie Scientifique A. Hermann et Fils, 10 volúmenes, 1913.

DUMÉZIL, Georges.
Les problème des centaures. Étude de mythologie comparée indo-européenne. Paris: Librairie
orientaliste Paul Geuthner, 1929.

ELIADE, Mircea.
"Methodological remarks on the study of religious symbolism". In: ELIADE, Mircea –
KITAGAWA, Joseph Mitsuo (Editores). *The history of religions. Essays in methodology*.
Chicago: The University of Chicago Press, 1959: 86-107.

ELIADE, Mircea.
Le mythe de l'éternel retour: archétypes et répétition. Paris: Gallimard, 1949.

EMRICH, Wilhelm.
Franz Kafka. Bonn: Athenäum Verlag, 1958.

FARNELL, Lewis Richard.
The Cult of the Greek States. volumen 4, Oxford: Clarendon Press, 1907.

FICINO, Marsilio.
Commentarium in Convivium Platonis, De Amore / Commentaire sur Le Banquet *de Platon,
De l'amour*. Edición y traducción Pierre Laurens. Paris: Les Belles Lettres, 2002.

FILÓSTRATO DE ATENAS.
Apollonius of Tyana. 3 volúmenes. Edición de Christopher P. Jones. Cambridge (MA):
Harvard University Press, 2005-2006.

FOUCAULT, Michel.
Surveiller et punir. Naissance de la prison. Paris: Gallimard, 1976.

FRANDSEN, Paul John.
"Trade and Cult". In: ENGLUND, Gertie (editor). *The Religion of the Ancient Egyptians:
Cognitive Structures and Popular Expressions. Proceedings of Symposia in Uppsala
and Bergen 1987 and 1988*. Acta Universitatis Upsaliensis, Boreas 20. Uppsala:
Almqvist and Wiksell, 1989: 95-108.

FRIEDMANN, Adolph Hermann.
Die Welt der Formen. System eines morphologischen Idealismus. München: C. H. Beck, 1930.

GARIN, Eugenio.
Astrology in the Renaissance. The Zodiac of Life. London: Routledge & Kegan Paul, 1983
        (1976ª).

GEROCH, Robert – HARTLE, James.
"Computability and physical theories". *Foundations of Physics*. Volumen 16, VI, 1986:
        533-550.

GHYKA, Matila.
*Le nombre d'or. Rites et rythmes pythagoriciens dans le developpement de la civilisation
        occiddentale*. Volumen 1: *Les Rythmes, précédé d'une letrre de Paul Valéry*. Paris:
        Gallimard, 1958 (1931ª).

GLOBAL PREPAREDNESS MONITORING BOARD.
A World at Risk. Annual report on global preparedness for health emergencies. Geneva:
        World Health Organization, September 2019.

GLOY, Karen.
Studien zur platonischen Naturphilosophie im Timaios. Würzburg: Königshausen –
        Neumann, 1986.

GOMPERZ, Theodor.
Les penseurs de la Grèce. Volumen I. Lausanne: Payot / Paris: Félix Alcan, 1928.

GÖRRES, Joseph von.
La mystique divine, naturelle, et diabolique. Traducción de Charles Sainte-Foi. Paris: Mme
        Vve Poussielgue-Rusand, 1854.

HAEBLER, Claus.
"Kosmos. Eine etymologisch-wortgeschichtliche Untersuchung". *Archiv für
        Begriffsgeschichte*. Volumen 11, 1967: 101-118.

HAHM, David.
The Origins of Stoic Cosmology. Ohio: Ohio State University Press, 1977.

HARTLE, Jim – HAWKING, Stephen.
"Wave function of the Universe". *Physical Review D* 28, 12, (1983): 2960–2975.

HAWKING, Stephen – PENROSE, Roger.
"The singularities of gravitational collapse and cosmology". *Proceedings of the Royal
        Society of London*, n° 314, 1970: 529-548.

HAWKING, Stephen – ELLIS, George.
"The Cosmic Black-Body Radiation and the Existence of Singularities in our Universe".
        The Astrophysical Journal. Volume 152, 1968: 25-36.

HEIDEGGER, Martin.
Nietzsche. Band I-II (Gebundene Ausgabe). Sturttgart: Klett-Cotta Verlag, 2008 (1961ª).

HERÓDOTO.
The Histories. Edición y traducción de A. D. Godley. Cambridge: Harvard University
     Press, 1920.

HILBERT, David.
"Über das Unendliche". *Mathematische Annalen*. Volumen 95, I, 1926: 161-190.

HOLTON, Gerald.
The Scientific Imagination. Cambridge: Cambridge University Press, 1978.

HOMERO.
Ilíada. In: *Id. Opera*. Edición de D.B. Monro y Th. W. Allen. Oxford: Oxford University
     Press, 1920.

HOMERO.
Odisea. Edición de A. T. Murray. Cambridge, MA: Harvard University Press; London:
     William Heinemann, 1919.

HUSSERL, Edmund.
*Die Krisis der europäischen Wissenschaften und die transzendentale Phänomenologie. Eine
     Einleitung in die phänomenologische Philosophie*. In: Id. *Id. Husserliana*. Band VI.
     Edición de Walter Biemel. Den Haag: Martinus Nijhoff, 1954.

JAEGER, Werner.
The Theology of the Early Greek Philosophers. Oxford: Clarendon Press, 1947.

JAKOBSON, Roman.
Selected Writings, volume III: Poetry of Grammar and Grammar of Poetry. The Hague:
     Mouton & Co., 1981.

JAN, Carl von.
"Die Harmonie der Sphären". *Philologus*. Band 52, Heft 1-4, 1894: 13-37.

JASPERS, Karl.
Nietzsche: Einführung in das Verständnis seines Philosophierens. Berlin-New York: De
     Gruyter, 1981 (1935^a).

JOSHI, Sunand Tryambak.
H.P. Lovecraft in his time. A dreamer and a visionary. Liverpool: Liverpool University
     Press, 2001.

KAVAFIS, Constantino.
Anékdota piímata. 1882-1923. Estudio filológico de Y. P. Savidis. Atenas: Ikaros, 1977.

KESSLER, Harry.
Journey to the Abyss. The Diaries of Count Harry Kessler, 1880-1918. New York: Alfred
     A. Knopf, 2011.

Kierkegaard, Søren.
Diapsálmata. In: *Id. Samlede Værker*. Copenhague: Glydendal, 1901-1906.

Kirchner, Johannes.
Inscriptiones Graecae – Consilio et auctoritate Academiae Scientiarum Berolinensis et Brandenburgensis editae. Inscriptiones Atticae Euclidis anno posteriores [Editio altera]. vol II/III. Berlin: Walter De Gruyter, 1977: inscripción n° 4960a (T. 720).

Kirk, Geoffrey Stephen.
Heraclitus. The Cosmic Fragments. Edited with an Introduction and Commentary. Cambridge: Cambridge University Press, 1975.

Kistler, Mark.
"The Sources of the Goethe-Tobler Fragment 'Die Natur'". *Monatshefte*. Volumen 46, No. 7. University of Winsconsin Press, 1954: 383-389.

Klein, Robert.
"Spirito peregrino". *Revue des études italiennes*. volumen XI. 1965: 197-236.

Klee, Paul.
Gedichte. Edición de Felix Klee. Zürich: Arche, 1960.

Klossoswski, Pierre.
Nietzsche et le circle vicieux. Paris: Mercure de France, 1969.

La Boétie, Étienne de.
Discours de la servitude volontaire. In: Id. *Oeuvres complètes d'Estienne de la Boétie*. Volumen I. Bordeaux: William Blake & Co., 1991: 65-98.

Lactancio.
Institutions divines. Livre I. Edición de Pierre Monat. Paris: Éditions du Cerf, 1986.

Lambert, Wilfred – Millard, Alan Ralph – Civil, Miguel.
Atra-ḫasīs. The Babylonian Story of the Flood with the Sumerian Flood Story. Winonna Lake (Indiana): Einsenbrauns, 1969.

Lenoir, V.
"Métaphysique et politique au XIIIe siècle et de nos jours". *Révue Apologétique*. (49), 1929: 158-170.

Libanio.
Discours. Paris: Les Belles Lettres, 1979-2003.

Lloyd-Jones, Hugh.
"Pindar and the After-Life". In: *Pindare, Entretiens sur l'antiquité classique* 31, Vandoeuvres-Geneva: Fondation Hardt. 1985: 245-279.

Longchenpa.
Now that I Come to Die. Traducción de Herbert V. Guenther. Introducción de Tarthang Tulku. Berkeley: Dharma Publishing, 2007.

Lotze, Hermann.
Microcosmus: An Essay Concerning Man and His Relation to the World. 3 volúmenes. Traducción de E. Hamilton y E. E. C. Jones. Edinburgh: T. & T. Clark, 1885.

Lovecraft, Howard Philip.
Poemas. Edición bilingüe. Traducción de Roberto Díaz. Buenos Aires: Andrómeda, 2009.

Löwith, Karl.
Von Hegel Zu Nietzsche: Der Revolutionäre Bruch Im Denken des 19. Jahrhunderts. Hamburg: Felix Meiner Verlag, 1995.

Lucrecio.
De natura rerum. Edición de Eduard Valentí Fiol. Barcelona: Acantilado, 2012.

Ludueña Romandini, Fabián.
Summa cosmologiae. Breve tratado (político) de inmortalidad. La comunidad de los espectros IV. Buenos Aires: Miño y Dávila editores, 2020.

Ludueña Romandini, Fabián.
Arcana Imperii. Tratado metafísico-político. La comunidad de los espectros III. Buenos Aires: Miño y Dávila editores, 2018.

Ludueña Romandini, Fabián.
Principios de Espectrología. La comunidad de los espectros II. Buenos Aires: Miño y Dávila editores, 2016.

Ludueña Romandini, Fabián.
H.P. Lovecraft. La disyunción en el Ser. Buenos Aires: Hecho atómico ediciones, 2013.

Ludueña Romandini, Fabián.
La comunidad de los espectros I. Antropotecnia. Buenos Aires: Miño y Dávila editores, 2010.

Lynch, John Patrick.
Aristotle's School: Study of a Greek Educational School. Berkeley-Los Angeles: University of California Press, 1972.

Mannhardt, Wilhelm.
Die Götterwelt der deutschen und nordischen Völker. Berlin : H. Schindler, 1860.

Maquiavelo, Nicolás.
Il Principe. Edizione Nazionale delle Opere de Niccolò Machiavelli I/1. Edición de Mario Martelli. Roma: Salerno Editrice, 2006.

Marco Aurelio.
Pensamientos. Edición y traducción de Antonio Gómez Robledo. México: UNAM, 1992.

Marx, Karl.
Das Kapital. Band I: Der Produktionsprozeß des Kapitals. In: Marx, Karl. *Werke*. Band 23. Berlin: Dietz-Verlag 1962.

Marx, Karl.
Manifest der kommunistischen Partei. In: *Id. Werke*. Band 4. Berlin: Dietz-Verlag, 1959: 462-474.

Meillassoux, Quentin.
"Deuil à venir, dieu à venir". *Critique*, n° 704-705, 2006: 105-115.

Menéndez Pelayo, Marcelino.
Tratadistas de Bellas Artes en el Renacimiento español. In: *Id. Estudios de crítica histórica y literaria*. Volumen VII. Buenos Aires: Espasa-Calpe, 1944: 141-207.

Michaux, Henri.
Choix de poèmes. Paris: Gallimard, 1976.

Minieri, Ramón.
La Reina Loca. Libros de Vientos de los Sármatas. Río Colorado, 2012.

Natorp, Paul.
"Über aristoteliches Metaphysik, K, 1-18, 1065a 26". *Archiv für Geschichte der Philosophie*, 1888 (a): 178-193.

Natorp, Paul.
"Thema und Disposition der aristotelischen Metaphysik". *Philosophische Monatshefte*, 24, 1888 (b): 37-65 y 540-574.

Nauck, Augustus.
Tragicorum Graecorum Fragmenta. Leipzig: Teubner, 1889.

Neugebauer, Otto.
A History of Ancient Mathematical Astronomy. 3 volúmenes, New York: Springer, 1975.

Nietzsche, Friedrich.
Die fröhliche Wissenschaft. In: *Id. Kritische Gesamtausgabe*. Edición de Giorgio Colli y Mazzino Montinari. Band 2. Berlin – New York: Walter de Gruyter, 1973.

Nietzsche, Friedrich.
Nachgelassene Fragmente. In: *Id. Werke. Kritische Gesamtausgabe*. Edición de Giorgio Colli y Mazzino Montinari. Berlin – New York: Walter de Gruyter, 1967.

Nono de Panópolis.
Dionysiaca. Edición de W.H.D. Rouse. Cambridge, MA: Harvard University Press, 1940-1942.

North, John D.
Stars, Minds and Fate. Essays in Ancient and Medieval Cosmology. London: Hambledon, 1989.

Orfeo.
Argonáuticas. Himnos Órficos. Traducción de Miguel Periago Lorente. Madrid: Gredos, 1992.

Penrose, Roger.
"The Basic Ideas of Conformal Cyclic Cosmology". In: Tandy, Charles (editor). *Death and Anti-Death. Volume 6: Thirty Years After Kurt Gödel (1906-1978)*. Palo Alto: Ria University Press, 2009: 223-242.

Pico della Mirandola,
Giovanni. *Heptaplus*. Traducción y notas de Adolfo Ruiz Díaz. Edición de Silvia Magnavacca. Buenos Aires: Universidad de Buenos Aires, Facultad de Filosofía y Letras, 1998.

Píndaro.
Volumen I: Olympian Odes. Pythian Odes. Volume II: Nemean Odes, Isthmian Odes, Fragments. Edición de William Race. Massachusetts: Harvard University Press, 1997.

Pittoni, Battista.
Imprese di diuersi prencipi, duchi, signori, e d'altri personaggi et huomini letterati et illustri : con alcune stanze del Dolce che dichiarano i motti di esse imprese. Vicenza: s. n., 1562.

Platón. *Timaeus*.
Edición y traducción de R. G. Bury. Cambridge (MA)-London: Harvard University Press, 1999.

Platón.
Platonis Opera. Edición de John Burnet. Oxford: Oxford University Press, 1903.

Poe, Edgar Allan.
Annotated Poems. Introducción y edición de Andrew Barger. Collierville: Bottletree Books, 2008.

Priscianese, Francesco.
Della lingua romana. Venezia: Bartolomeo Zanetti, 1540.

Proclo.
Commentary on Plato's Timaeus, volume 1. Book 1: Proclus on the Socratic State and Atlantis. Edición y Traducción de Harold Tarrant. Cambridge: Cambridge University Press, 2007.

Ptolomeo. *Tetrabiblos*.
Edición y traducción de F. E. Robbins. London – Massachusetts: Harvard University Press, 1940.

Quispel, Gilles.
"Hermann Hesse and Gnosis". In: Aland, Barbara. *Gnosis. Festschrift für Hans Jonas*. Göttingen: Vandenhoech & Ruprecht, 1978: 492-507.

Ridolfi, Carlo.
Le marauiglie dell'arte, ouero, Le vite de gl'illustri pittori veneti, e dello stato : oue sono raccolte le opere insigni, i costumi, & i ritratti loro : con la narratione delle historie, delle fauole, e delle moralità da quelli dipinte. Venezia: Presso Gio. Battista Sgaua, 1648.

Rist, John.
Stoic Philosophy. Cambridge: Cambridge University Press, 1969.

Rohde, Erwin.
Psyche. Seelencult und Unsterblichkeitsglaube der Griechen. Tübingen und Leipzig: Tübingen Mohr, 1903.

Rudhardt, Jean.
"Quelques réflexions sur les Hymnes Orphiques". In: Borgeaud, Philippe (editor). *Orphisme et Orphée, en l'honneur de Jean Rudhardt*. Genève: Droz, 1991: 263-283.

Schaffer, Simon.
"Newton's Comets and the Transformation of Astrology". In: Curry, Patrick (editor). *Astrology, Science, and Society*. Woodbridge: Boydell, 1987: 219-243.

Schelling, Friedrich Wilhelm Joseph.
Die Weltalter. Fragmente. In den Urfassungen von 1811 und 1813. Edición de M. Schröter. München: Beck, 1993: 1-107 y 109-184.

Schmitt, Carl.
Der Nomos der Erde in Völkerrecht des Jus Publicum Europaeum. Berlin: Duncker & Humblot, 1988 (1950ª).

Sjöberg, Gustav.
zu der blühenden allmaterie. über die natur der poesie. Berlin: Matthes & Seitz, 2020.

Slater, William.
Lexicon to Pindar. Berlin: De Gruyter, 1969.

Sloterdjik, Peter.
Der Denker auf der Bühne. Nietzsches Materialismus. Frankfurt am Main: Suhrkamp Verlag, 1986.

Small, Robin.
"Nietzsche, Dühring, and Time". *Journal of the History of Philosophy*, 28:2, 1990: 229-250.

Sorabji, Richard.
Time, creation and the continuum. Theories in Antiquity and the Early Middle Ages. London: Duckworth, 1983.

Spiekermann, Klaus.
Naturwissenschaft asl subjektlose Macht? Nietzsches Kritik physikalischer Grundkonzepte. Berlin – New York: De Gruyter, 1992.

Stütter, Josef.
"Schelling's Philosophie der Weltalter". *Zeitschrift für philosophische Forschung*, 16, 1962: 600-615.

Suárez, Francisco.
Disputationes metaphysicae. In: *Id. Opera Omnia*. Volúmenes 25-26. Hildesheim: Georg
    Olms Verlag, 1965.

Tarrab, Mauricio.
Entre el relámpago y la escritura. Buenos Aires: Grama, 2017.

Taubes, Jacob.
Escatología occidental. Traducción de Carola Pivetta. Buenos Aires: Miño y Dávila
    editores, 2010.

Tobler, Georg Christoph.
"Die Natur" (1782/83). In: Johann Wolfgang von Goethe. *Werke. Hamburger Ausgabe*. 14
    volúmenes. Edición de Erich Trunz. Band 13: Naturwissenschaftliche Schriften 1.
    Textkritisch durchgesehen und mit Anmerkungen versehen von Dorothea Kuhn
    und Rike Wankmiiller. Hamburg: Wegner, 1966: 45-48.

Tomás de Aquino.
*Opera omnia iussu Leonis XIII, t. 42: Compendium Theologiae. De articulis Fidei et Ecclesiae
    sacramentis. Responsio de 108 articulis. Responsio de 43 articulis. Responsio de 36
    articulis. Responsio de 6 articulis. Epistola ad ducissam Brabantiae. De emptione et
    venditione ad tempus. Epistola ad Bernardum abbatem Casinensem. De regno ad
    regem Cypri. De secreto*. Roma: Editori di San Tommaso, 1979.

Tomás de Aquino.
*Opera omnia iussu edita Leonis XIII, t. 14: Summa contra Gentiles ad codices manuscriptos
    praesertim Sancti Doctoris autographis exacta. Liber tertius cum Commentariis
    Francisci de Sylvestris Ferrariensis*. Roma: Typis Riccardi Garroni, 1926.

Tucídides.
Historia de la Guerra del Peloponeso. Edición castellana de Francisco Romero Curz.
    Madrid: Cátedra, 2005.

Tucídides.
Historiae. Edición de Henry Stuart James y Johannes Enoch Powell. Oxford: Oxford
    University Press. 1942.

Vaché, Jacques.
Lettres de guerre (1914-1918). Edición de Patrice Allain y Thomas Guillemin. Prefacio de
    Patrice Allain. Paris: Gallimard, 2018.

Vlastos, Gregory.
Plato's Universe. Oxford: Clarendon Press, 1975.

Von Arnim, Hans.
Stoicorum Veterum Fragmenta. Chrysippi fragmenta logica et physica. Stuttgart: Teubner,
    1964 (1903ª).

WAHL, Jean.
L'ouvrage posthume de Husserl: La Krisis. Paris: Centre de Documentation Universitaire, 1957.

WEAR, Sarah Klitenic.
The teachings of Syrianus on Plato's Timaeus and Parmenides. Leiden: Brill, 2011.

WEIL, Simone.
Oeuvres Complètes IV: Écrits de Marseille, volume I (1940-1942). Paris: Gallimard, 2008.

WEIL, Simone.
Attente de Dieu. Paris: Fayard, 1966.

WETHEY, Harold.
The Paintings of Titian. 3 volúmenes. London: Phaidon, 1969-1975.

ZENKOVSKY, Serge.
Medieval Russia's Epics, Chronicles, and Tales. New York – London: Meridian, 1974.

Agradecimientos

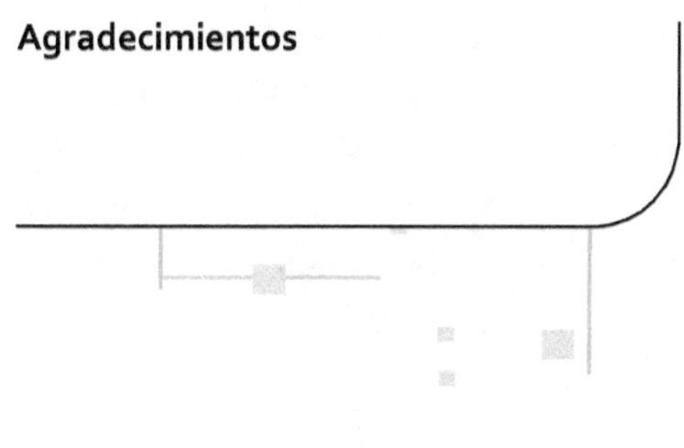

La escritura de este libro tuvo lugar durante los meses de confinamiento epidemiológico de 2020 y en medio de la incertidumbre del verano de 2021. Durante todo ese tiempo fue imposible el acceso a bibliotecas y, si la escritura se tornó factible, fue debido al hecho de que, en gran parte, la investigación había sido desarrollada previamente. Al mismo tiempo, amigos de distintas partes del mundo me asistieron bibliográficamente en los momentos más imperiosos. En un contexto de tamaña soledad y desarraigo, los amigos que no se podían visitar lograban no obstante hacer sentir su presencia: Juan Acerbi, Rafael Arce, Fernando Beresñak, Hernán Borisonik, Eliana Debia, Rodrigo Ottonello, Germán Prósperi y Turquesa Topper en la República Argentina. Alexandre Nodari, Flávia Cera, Marco Antonio Valentim, Leonardo D'Avila Oliveira y Fernando Scheibe en la República Federativa de Brasil. En esos meses, la cercanía espiritual de Raul Antelo de la *Universidade Federal de Santa Catarina*, ha sido determinante para que la escritura misma fuese posible. Eduardo Viveiros de Castro, con su inspiración, ha marcado asimismo el decurso de estas páginas.

Pedro Miño y Elsa Dávila me sostuvieron en algunos momentos donde el espíritu zozobró y, sin su palabra justa, no habría podido continuar. Mi agradecimiento a Gerardo Miño es imposible de ponderar en estas páginas pues su amistad es la que ha sostenido la escritura y su inigualable osadía y admirable capacidad inventiva ha permitido poner en marcha un proyecto como el de la Bitácora de la Biblioteca de la Filosofía Venidera que ha sido y continuará siendo un refugio al dolor y un iridiscente modo de mantener un diálogo con los lectores. Emanuele Coccia, desde la *École des Hautes Études en Sciences Sociales* de París, me ha dado la posibilidad de pensar, siguiendo su audacia y su inmarcesible amistad, el mundo por venir. Mårten Björk y Gustav Sjöberg, desde Suecia, se han hecho presentes durante los momentos acuciantes y han sido siempre fuente de inspiración irreemplazable. Una mención especial de agradecimiento les cabe a Javier y Paloma Pérez Romero quienes me han dado una inestimable y siempre presente ayuda con la bibliografía, más aun en estos difíciles tiempos pandémicos.

A la Revista *Landa* de Brasil debo toda mi gratitud por haberme permitido llevar adelante las primeras formas de la indagación sobre la poética de H.P. Lovecraft. Del mismo modo, las meditaciones que en este libro se llevan adelante sobre la filosofía de Nietzsche no hubiesen sido posibles sin la generosidad de Gabriela Milone y Javier Martínez Ramacciotti que, en su libro sobre la filosofía del re-comienzo, me permitieron los primeros esbozos críticos sobre puntos que entiendo decisivos.

Este libro, nunca habrán palabras lo suficientemente adecuadas, no habría visto la luz sin la tesitura existencial de Isaúl Ferreira Olivera.

Índice de nombres

No está del todo claro si el hombre de fines del siglo XX tuvo conciencia plena o no sobre los albores del nuevo eón. Lo cierto es que su mirada respecto del siglo que amanecía era ambiciosa y expansiva. Stanley Kubrick lo había anticipado en 1968 (según el prohibido y Antiguo Calendario Gregoriano) a través de su película "2001: A Space Odyssey". Sin embargo, esta concepción utópica se va a dar de bruces con la realidad: el 9 de septiembre de 2001 los ciudadanos del mundo se detuvieron en vilo frente a dos columnas de humo que llenaron todas las pantallas, signando el comienzo ese nuevo futuro, devenido en terrible presente. De la frontera final la mirada se volvió con temor hacia la frontera cercana, íntima. Y vinculando ambas miradas, apareció Eris, la diosa griega de la discordia. Sobre la relación de los acontecimientos posteriores hay solamente hipótesis y conjeturas, pero sabemos que algunos años después dio comienzo el período de los Ciclos Pandémicos y la tribulación marcada por las Grandes Guerras Biotécnicas.

Sin embargo, en esos mismos años, más precisamente en el año 2005, se desarrolló, sin que los hombres lo supieran, el comienzo de la esperanza.

El 5 de enero, un equipo del observatorio del Monte Palomar (en California, zona norte del continente americano del planeta-madre Tierra) descubrió el cuerpo celeste más lejano del sistema solar: un planeta enano inicialmente bautizado como Xena por sus descubridores, que fue luego registrado con el nombre de Eris (o Éride, según dimos en llamar a nuestra querida última colonia endogaláctica) y a su satélite como Disnomia (hija de Eris y divinidad del desorden civil y la ilegalidad) dando inicio al Gran Éxodo.

Ese mismo año, Jeremy Tankard diseñó la tipografía Corbel, con la intención de generar la forma tipográfica más clara posible para todo tipo de soportes, en especial los digitales. En honor a esas épocas proto-históricas, hemos utilizado esta tipografía para el desarrollo del presente display, tratando de emular las formas pretéritas de registro habituales, de manera de tener una visión más cercana de los escritos TFG 480-700 y 950-1170 de la gran edición del Corpus de los textos de la Herejía de la Disyunción que aquí se presentan. Vaya así nuestro homenaje a la doctrina de Maestros.

G. Miño scrittori,
Dwingeloo 2, 20 Casiopea 4060